人氣
宣言

~每天早中晚默念一次~

「我是人氣王！」

HOW TO WIN FRIENDS &
INFLUENCE PEOPLE

又名《人性的弱點》

卡內基教你跟誰都能做朋友

DALE
CARNEGIE
戴爾·卡內基
著

周玉文
譯

野人

野人家 171

卡內基教你跟誰都能做朋友【又名《人性的弱點》】

影響全球3億讀者，人際溝通聖經，讓巴菲特終生受益的唯一一門課！

★隨書贈「卡內基魅力學實踐手冊」(暢銷二版)

作　　者　戴爾・卡內基 (Dale Carnegie)
譯　　者　周玉文

野人文化股份有限公司
社　　長　張瑩瑩
總 編 輯　蔡麗真
責任編輯　陳瑾璇
專業校對　林昌榮
行銷企劃　林麗紅
封面設計　周家瑤
內頁排版　洪素貞

出　　版　野人文化股份有限公司
發行平台　遠足文化事業股份有限公司(讀書共和國出版集團)
地址：231新北市新店區民權路108-2號9樓
電話：（02）2218-1417　傳真：（02）8667-1065
電子信箱：service@bookrep.com.tw
網址：www.bookrep.com.tw
郵撥帳號：19504465遠足文化事業股份有限公司
客服專線：0800-221-029
法律顧問　華洋法律事務所　蘇文生律師
印　　製　成陽印刷股份有限公司
初版首刷　2017年10月
二　　版　2025年6月

歡迎團體訂購，另有優惠，請洽業務部（02）22181417分機1124

國家圖書館出版品預行編目（CIP）資料

卡內基教你跟誰都能做朋友 / 戴爾 . 卡內基 (Dale Carnegie) 著 ; 周玉文譯 . -- 二版 . -- 新北市 : 野人文化股份有限公司出版 : 遠足文化事業股份有限公司發行 , 2025.06
面 ;　公分 . -- (野人家 ; 171)
譯自 : How to win friends & influence people
ISBN 978-626-7716-44-1(平裝)
ISBN 978-626-7716-45-8(EPUB)
ISBN 978-626-7716-46-5(PDF)

1.CST: 人際關係 2.CST: 溝通技巧

177.3　　114005668

卡內基教你跟誰都能做朋友

線上讀者回函專用 QR CODE，您的寶貴意見，將是我們進步的最大動力。

編者序

讓人生逆轉勝的社交技巧聖經！

股神巴菲特（Warren Edward Buffett）曾經大讚：「卡內基訓練是我這輩子拿到最有用的文憑！」他的自傳《雪球》（The Snowball: Warren Buffett and the Business of Life，天下文化出版）中，更有多達十六處提到卡內基如何幫助他成就今日輝煌的地位。其實，巴菲特年輕時是個極度害羞、退縮的人，他坦承自己直到二十一歲接受訓練後，才懂得揮灑自信、享受與他人溝通，進而成為世界首富！巴菲特的成功並非個案，自本書一九三六年出版以來，卡內基已經催生了無數知名的企業家、政治家，幫助超過三億人克服社交尷尬症，擁有更廣闊的好人緣！

《卡內基教你跟誰都能做朋友》是現代溝通藝術大師戴爾．卡內基的經典代表作，出版八十年仍高掛Amazon的心理勵志和商業溝通暢銷榜。本書堪稱二十一世紀各類心理勵志書籍的始祖，現代幾乎所有研究說話之道、領導學、傾聽術的書籍，都從本書獲得無數啟發，不少作者更直接沿用、擴展卡內基的人際相處理念。

美國最具個人魅力的總統甘迺迪（John Fitzgerald Kennedy）也曾說：「卡內基倡導的個人成

功學，已經為全世界的有志青年搭起邁向成功的階梯，甚至改變了他們的命運。」巴菲特更強調，全世界的商學院都應該將本書列為必修課程！

在書中，卡內基開宗明義地說：「**我傳授的社交高手準則，不是在教導讀者五花八門的話術，而是宣導一種全新的生活態度，因為『成功的人際關係是一種慣性的養成』！**」你只要培養好一股熱切的渴望，願意日復一日地檢討反省、學習更新，卡內基就能幫助你開發「仍在沉睡中，但潛能無限的交際能力」！

一旦你確實實踐了卡內基的人氣王法則，你就能——

✔在溝通、領導上，擁有更正向積極的態度，更容易獲得他人由衷的合作

✔發現自己待人接物、圓融處事的能力有極大幅度的提升

✔促購力顯著成長、業績達成率突飛猛進

野人文化編輯部為了讓本書更符合二十一世紀讀者的需求，在力求尊重卡內基原意的原則下，刪除了部分一九三〇年代出版當時的讀者才覺得有意義的情節與趣聞，以及與商務應用關聯性較低的相關內容。

此外，我們也整理了「卡內基魅力學實踐手冊」。手冊分兩部分，第一部分為「三十條人

氣魅力法則實踐筆記」，按照書中三十章的順序，提供實用的表格，以筆記頁的形式呈現，幫助你記錄實踐的歷程與取得的成果。讓你克服惰性、打造自己專屬的人氣王筆記！

第二部分的「成果評估問卷」則能幫助你誠實面對自我，你可以利用這份問卷做客觀的自我評估，也可以邀請信任的朋友、同事，或家人填寫這份問卷，從他人的角度檢視學習成效，這麼做能有效降低你在人際相處中犯錯的機率！

成千上萬名經營主管、業務員在活用本書中的準則後，不只業績激增，還獲得了更多的休閒時間，但更重要的是，大家都在人際關係中獲得更多的快樂和成就感！

正在閱讀此書的你，可能因為還不習慣運用自己的交際潛能，所以未能開發自身蘊藏的無限可能性。請跟著卡內基親身實踐，你也能逆轉勝，擁有一流的人際溝通技巧，並大幅擴展個人的魅力和影響力！

野人文化編輯部

作者序

一部創造個人競爭優勢的勵志經典！

一九〇〇至一九三五年間，美國出版界發行超過二十萬本書，大多數內容枯燥無味，而且銷售情況悽慘。等等，我剛剛是說「大多數」嗎？一家堪稱全球出版業龍頭的董事長坦承，他的出版社儘管擁有七十五年的豐富經驗，但每出版八本書就有七本會賠錢。

既然如此，我為何還有勇氣寫這本書？就算真的出版了，這本書又憑什麼值得你費事一讀？問得好。現在我來試著回答。

打從一九一二年起，我就一直在紐約開課，授課對象包括商界人士和一般專業人員。起初我只開設與演講有關的課程，訓練成人學員思考更敏捷，並能在公眾場合言簡意賅地闡述觀點。

不過，授課時間一長，我逐漸發現，這些學員不僅需要口才訓練，他們更需要培養在商務或社交場合中與他人相處的技巧。

我也日漸體會到，自己同樣需要這方面的訓練。當我回想過往，總對自己缺乏手腕與領悟力的程度倍感汗顏。**我多麼希望二十年前市面上就找得到這樣一本書！**那將是彌足珍貴的恩賜。

人際關係或許是你眼前最大的難題，尤其你如果置身商界。數年前，卡內基教學促進基金會贊助了一份研究報告，揭露一項極重要的事實：**在工程界，只有一五%的受訪者認為，一個人財富上的成功，是出自個人的知識及專業能力；另外八五%的受訪者則把成功歸因於優秀的人際關係技巧，也就是個人魅力與領導力。**這項事實後來也獲得卡內基美隆大學工程學院的進一步證實。

多年來，我每一季都會在費城工程師俱樂部、美國電機工程師紐約分會開課，至今已有超過一千五百名工程師結業。他們走進教室是因為，多年的觀察告訴他們，坐擁高薪的同業通常不是工程技術最高明的人。擁有領導能力、能清晰表達意見，並可激發他人熱情等加分能力的人，才是業主捧著大把鈔票求僱的對象。舉例來說，在工程、會計、建築等領域，具有一定能力的專業人士，只能領到普通水準的薪資。

約翰．D．洛克菲勒（John D. Rockefeller）在人生黃金期曾說過：「人際相處的能力如果像是糖或咖啡，這種花錢就買得到的商品，我願意花大錢買進。」

你不覺得所有大專院校都應該開設專門課程，來開發這種全世界最具價值的能力？但是，如果他們真的有這麼做的話，我就不需要寫這本書了。

芝加哥大學與全美各地的基督教青年協會（Y.M.C.A.）曾針對成年人究竟想學些什麼展開共同調查。

這項調查費時兩年、耗資二萬五千美元。最後一份調查在康乃狄克州梅利登市（Meriden）舉行，因為它是典型的美國市鎮。全體市民都獲邀接受訪問，期間必須回答一百五十六道問題，諸如「你從事什麼工作？教育程度為何？如何打發閒暇時間？收入多少？有何嗜好？有何雄心大志？面臨何種困難？最感興趣的研究科目為何？」依此類推。**調查顯示，成年人首要關注的事情是健康，其次是人，也就是與他人相處之道、使他人喜歡自己的方式，以及說服別人認同自己的技巧等。**

因此，負責這項調查的委員會決定在梅利登市提供這類培訓課程。他們到處搜尋合格的教科書，結果一本也找不到。最後，他們找到一位全世界最傑出的成人教育專家，並問他書市是否可找到能滿足這些需求的書籍。「沒有，」他回答，「我知道那些成年人需要什麼，但沒有人寫過。」

我的經驗告訴我此言不假，因為我自己也花了好幾年四處打聽一本談論人際關係的實用工作手冊。既然這類書籍尚未誕生，我不妨試著動筆為自己的課程寫一本書。如今，它就是你手上正捧閱的作品，我衷心期盼你會喜歡。

我為了這本書下足工夫，不僅讀遍市面上相關的文獻，諸如報紙專欄、雜誌專文、民事法庭紀錄、古代哲學家及現代心理學家的著作等；除此之外，我還聘請研究員跑遍各地圖書館，搜羅所有我遺漏的資料，包括心理學相關著作、數百份雜誌專文、不計其數的傳記，以期發掘各時代的偉大領袖處理人際關係之道。

我們拜讀偉人傳記，細覽從古羅馬凱薩大帝到發明家愛迪生等人的生平事蹟。我記得，光是閱讀美國前總統西奧多・羅斯福（Theodore Roosevelt，以下稱老羅斯福）的相關傳記就超過一百本。我也親身訪談許多成功人士，其中不乏世界級的知名要角，我們傾全力挖掘他們贏得友誼和影響他人的種種技巧。這些人包括：

諾貝爾物理學獎得主、義大利工程師馬可尼（Guglielmo Marconi）
發明家湯瑪士・愛迪生（Thomas Edison）
美國前總統佛蘭克林・羅斯福（Franklin Roosevelt，以下稱小羅斯福）
美國郵政總局前局長詹姆士・菲爾利（James Farley）
美國通用電氣前總裁歐文・楊（Owen D. Young）
電影明星克拉克・蓋博（Clark Gable）
奧斯卡最佳女演員獎得主瑪麗・畢克馥（Mary Pickford）
探險家馬丁・強森（Martin Johnson）

我用這些素材，準備了一篇簡短的講稿，命名為「贏取友誼並影響他人之道」。我之所以強調「短」，是因為這份文章一開始真的非常簡短，但我很快就把它擴展成一個半小時的演說。多年來，每一季我都在紐約的卡內基訓練中心對所有學員發表這場演說。

我鼓勵聽眾走出教室，親自在生意和社交場合試驗我傳授的諸多技巧，然後回到課堂，分享自己的親身經歷與取得的成果。這是多麼有趣的課堂作業！這些學員都渴望改善自我，深深著迷於這個新型態的人際關係實驗。這堂課是有史以來第一個，也是唯一一個為成年人開辦的人際關係實驗室。

這本書的寫作過程跟一般的出版原則不同，它包含了上千人的實踐經驗，像個小孩一般，在人際關係實驗室裡成長、茁壯而成。

多年前，我們開始把這套準則印在明信片大小的紙卡上；到了下一季，我們改印在比較大張的卡片上；然後再發展成單頁紙、一系列小手冊，每一次都會擴充規格與內容。經過十五年的實驗與研究，最終集結成這本書。

記載在本書中的種種原則，並非只是單純的理論或憑空臆測，它們都具有魔法般的力量，我曾親眼目睹，許多人將它們應用在生活裡，從此改變了一生。

舉例來說。有一位擁有三百十四名員工的老闆報名參加這門課程。多年來，他總是漫無章法地驅策、批評和責罵員工，幾乎不曾讚賞或鼓勵。他拜讀本書提到的諸多準則後，人生觀從此改變。

如今，他的公司散發忠誠、熱忱，原本三百十四名冤家都變成三百十四位朋友。他語帶自豪地對全班學員說：「以前沒有人會對我打招呼。我的員工一看到我，視線就會一百八十度轉向。但現在，他們都成了我的好朋友，連保全人員都會直呼我的名字！」

不僅如此，這位雇主還賺進更多利潤、得到更多閒暇時間，但比這些更重要的是，他獲得了更多快樂。

成千上萬名業務員活用書中的準則後業績激增，以前上門推銷都失敗的對象竟都一一成為新客戶；位高權重的經營主管則因此升官加爵、薪資大漲。有一位經營主管就說，他透過實踐這些準則，獲得公司大幅加薪；一位費城瓦斯公司的經營主管因衝動好鬥、無能領導下屬，遭公司打入降級的黑名單，這套培訓課程不僅讓他免除了降級的危險，還幫助他獲得晉升、調漲薪資。

在無數場結業儀式中，我們都會邀請學員的伴侶前來參加餐會，**這些賓客都會告訴我，自從先生或太太參與培訓計畫，家庭氣氛明顯幸福快樂得多。**

學員也經常為自己獲得的新成果倍感驚奇，這一切真的就像魔法一樣。有時候，他們甚至會在星期天興匆匆地打電話到我家中，因為他們無法再等四十八小時才有機會在課堂上報告心得。

有一位男士備受我們傳授的準則鼓舞，整晚持續與其他學員熱烈討論，直到凌晨三點，幾乎所有人都打道回府，他還在為自己曾經犯下的過錯激動不已。他熱切期待敞開一個更新、更豐富的世界，因此徹夜難眠，甚至到了第二天、第三天，他仍因為心情亢奮而無法睡覺。

這個傢伙是誰啊？某個天真無知、未經世事的傻子嗎？大錯特錯。他是一位精明的藝術商品經銷商，更是社交領域裡身經百戰的老手，不僅精通三國語言，還在兩所歐洲大學取得學位。

我在撰作者序時收到一封昔日曾為貴族的德國人來信，他的祖先曾在霍亨索倫王朝（Hohenzollern）擔任過職業軍官。這封信是他在橫渡大西洋的汽船中完成的，信中直言，當他應用書中的準則時，自己幾乎燃起一股宗教般的虔誠和敬畏。

還有一位哈佛的畢業生，他擁有一家大型地毯工廠，身家富裕。他宣稱，**自己在十四週培訓課程中獲得的豐富知識，遠比念了四年的哈佛大學還要多**。很荒謬、可笑、神奇嗎？我只是完全不添加個人評論，如實轉述一位保守、成功的哈佛畢業生，在公開場合對著六百名聽眾演說的內容。地點是紐約的耶魯俱樂部，時間是一九三三年二月二十三日星期四晚間。

聲譽卓著的哈佛教授威廉・詹姆斯（William James）曾說，「我們僅運用了一小部分的生理及心理資源，和應當取得的成就相比，我們現在的狀態就像是半夢半醒。廣義地說，人類雖然擁有各式各樣的力量，但是疏於開發的領域還很多。」

想想那些你「疏於開發」的能力！這本書唯一的目的就是協助你發現它、利用它，拓展這些潛在的未開發資產，並從中獲得好處。

普林斯頓大學前校長約翰・席本（John G. Hibben）曾說：「教育，旨在培養解決生活中各種狀況的能力。」

假若你讀完本書前三章後，依舊沒有增加「解決生活中各種狀況的能力」，那麼我認為，這本書對你來說，可能就徹頭徹尾地失敗了！失敗的原因正如英國教育家赫伯特・斯賓塞（Herbert Spencer）所言：「教育的最大目的不在於尋求知識，而是實際行動。」

這正是一本行動之書！

戴爾・卡內基，一九三六年

汲取本書精華的九大祕訣

祕訣一：培養決心

你如果希望盡可能從本書中獲得最多精華，有一個必要條件，遠比其他規範或技術都還要重要。你必須具備這個基本條件，否則你即使學習上千條準則也是白費工夫；反之，如果你擁有這種天賦才智，你大可無須閱讀這九項建議，便能直接看到奇蹟。

這道神奇的條件為何？其實很簡單，就是：**一股敦促自己學習的迫切渴望，和提升人際應對技巧的猛烈決心。**

你要如何培育出這股熱切的慾望？那就是，經常提醒自己這些準則對你是何等重要。為自己畫一張圖，描繪一旦你能自在運用這些準則，將可幫助自己邁向更豐富、多采多姿、幸福快樂的人生。**一再反覆對自己說：「我是人氣王，我所獲得的幸福快樂，與日益飽滿的荷包，都是因為我精通人際關係的技巧。」**

祕訣二：仔細閱讀

迅速瀏覽每一章節，大致把握住它的內容。你閱讀時可能會急著想要翻閱下一章，但千萬不要這麼做，除非你只是閒來沒事，看這本書只為消遣；你如果想提升自己的人際關係技巧，請翻回第一頁，**重新細讀**本書每一章節。久而久之，這種做法才能節省最多時間、獲取最大效果。

祕訣三：反覆思考

當你閱讀時，不妨時不時暫停一下，花點時間思考自己讀到什麼。自問應該在何時、何地活用書中的每一項建議。

祕訣四：勤做筆記

請邊讀邊以手上的紅筆做記號。每次只要你讀到一項自認為能妥善運用的建議時，請記得畫線。如果你覺得某一項建議超級重要，務必畫線，或是在句子旁邊打上星號。**在書上標重點、畫底線都能讓學習更有趣，也更容易溫習。**

祕訣五：隨時複習

我認識一位女性，她任職於一家規模龐大的保險商長達十五年，每個月都會閱讀當月公司所賣出的保險單。沒錯，月復一月、年復一年，她閱讀許多內容相同的保單。這麼做是為什麼？因為經驗告訴她，唯有如此，她才能清楚地記住所有保險條款。

有一次，我幾乎花了兩年才寫完一本公開演說技巧的書稿，但我發覺，自己竟然三不五時就得反覆閱讀，才能記住書中寫了些什麼內容。人類健忘的速度真是令人咋舌。

話說回來，你若想從本書得到真實又持久的好處，千萬別幻想草率翻閱一遍就夠了。你得先細細讀完一遍，然後每個月還得花幾個小時回想內容。**請將此書放在你每天都看得到的書桌上，三不五時就拿起來瀏覽，不斷加深它在你腦中的印象，才可能從中找到許多自我改進的機會。**請記得，若想把諸多準則化為習慣，除了時常溫故知新，別無他法。

祕訣六：付諸實踐

諾貝爾文學獎得主蕭伯納（Bernard Shaw）曾評論：「假使你主動教別人做事，他就永遠不會主動學了。」這句話一語中的。學習應該是主動的。我們都是在做中學。所以，**如果你渴望精通書中的各項準則，就應該找機會付諸實行。如果你不這麼做，很快**

就會忘得一乾二淨。唯有靈活運用知識，才會銘記腦中。

你或許會發現，隨時隨地執行這些準則其實很困難。我也同意，我雖然寫了這本書，但也常常感覺到，落實我所建議的每一道主張其實相當困難。

舉例來說，當你心裡不痛快時，出言批評、譴責其實比試著理解別人觀點容易得多；挑剔別人的過錯比找出對方值得讚許的事情容易得多；高談闊論自己需要什麼，遠比談論他人需要什麼自然得多。諸如此類的例子不勝枚舉。

因此，當你閱讀本書時請務必記得，你不只是在吸收資訊，也是在嘗試培養新習慣。而且，沒錯，你正嘗試一種新生活方式，需要時間、毅力與天天練習。

所以，請時常翻閱本書，視它為人際關係的工作手冊。無論你何時遭逢問題，好比管教孩童、說服另一半接受你的觀點，或是搞定滿腹怒火的奧客，一定不能放任情緒失控，要控制住情感的衝動。請翻開書中相關頁數，重新閱讀以前曾經畫線強調的段落；然後試著採用新手法解決問題，或許就能看到奇蹟發生。

祕訣七：尋找夥伴

請你的另一半、兒女或生意夥伴擔任判官，每次只要他逮到你違反任一項準則，就可以獲得一定金額的賞金。請務必利用這場真人實境遊戲，練習好書中準則。

祕訣八：時常自省

有一次，華爾街一家重量級銀行董事長曾在我的課堂上發言，侃侃而談他如何激勵自己使用書中的法則。這位仁兄接受正規教育的時間很短，卻成為全美舉足輕重的金融家，他將自己的成就歸功於一套自創的辦法。以下簡述這套做法。我將竭盡所能精準地改用第一人稱敘述。

「多年來，我總是隨身攜帶一本筆記簿，記錄白天所有的會面。家人向來不在星期六晚上為我安排活動，因為他們都知道，每週六晚上我會挪出一些時間自我檢討。晚餐過後我就會找個地方獨處，打開我的筆記簿，回想過去那一週每一場會面的內容、討論的事項與會議結果。我會捫心自問：

「『當時，我犯下什麼過錯？』

「『我該怎麼做才是對的？又該如何改進？』

「『我從那些經驗學到什麼教訓？』

「我常發覺，這種週期性反省工作會讓自己心裡很不痛快。我總是對我自己犯下的過錯詫異不已。當然，過了數年，重蹈覆轍的頻率降低了。有時候，我在反省完之後會想要輕拍自己的肩膀加油打氣。這套自我批評系統已經行之有年，比我曾經嘗試過的任何方法都還要管用。

「它幫助我改進做決策的能力，也使我與他人接觸時獲得極大助益。它的好處實在很難一言以蔽之。」

何不採用類似的做法，以便檢討你對書中準則的嫻熟程度？如果你付諸實行，將會獲得兩個結果。

第一、你會發覺自己正投入一套既有趣又珍貴的教育課程。

第二、你會發現，自己應對他人的能力突飛猛進。

祕訣九：記錄成功經驗

你應該記錄下自己實行諸多準則後，獲得的豐富斬獲。務必鉅細靡遺地記下姓名、日期和結果。好好保存這些紀錄，它將鼓勵你投入更多心力；未來某一天傍晚，當你無意間翻開這本筆記簿，可能會看得津津有味。

若想盡可能從本書汲取最多的精華，請這麼做：

秘訣1 培養決心：培養一股深沉、熱切的渴望，以期精通諸多人際關係準則。

秘訣2 仔細閱讀：反覆細讀每一章兩回，再展閱新頁。

秘訣3 反覆思考：閱讀時，請務必經常暫停片刻，自問如何活用每一項建議。

秘訣4 勤做筆記：畫線強調每一項重要的觀念。

秘訣5 隨時複習：每個月都要重溫本書。

秘訣6 付諸實踐：一有機會就活用本書所有準則。將此書當作工作手冊，協助自己解決日常生活中的大小問題。

秘訣7 尋找夥伴：設計一場真人實境遊戲，以便體會學習成效：請一名朋友擔任裁判，每次只要你違反任一項準則，對方就可以罰你一定金額。

秘訣8 時常自省：每星期都要檢查自己的學習進度。自問犯下哪些錯誤、學到哪些教訓，並著眼未來，想想自己還要改進哪些領域。

秘訣9 紀錄成功經驗：在本書最後幾頁記下重點，即你在何時，以及如何活用書中的準則。

目錄

第一部

成為人氣王的三大基本準則

第二部

社交高手的人際相處六大技巧

第三部

不露痕跡說服他人的十二個祕訣

第四部

成為領導人必備的九大溝通技巧

第一部

成為人氣王的三大關鍵準則

卡內基將在本書中提供相當豐富的溝通技巧，但在這之前，讀者必須先學會三個應對進退的基本技巧。這包括：絕對不指責批評他人、掌握人性最深的渴望，以及恰如其分地讚美他人。把握好這三大法則，你才能更深入地吸收後續幾章的知識，並且極大化本書的效用！

成為人氣王的三大關鍵準則

準則1 不批評、不責備、不抱怨。

準則2 只給不虛假、真心誠意的讚美。

準則3 激發他人的迫切需求！

第一章

不批評、不責備、不抱怨！

邁向成功的首要「三不原則」

哪些行為和言語
是我應該盡可能避免的
「人脈殺手」？
一般人
嚴禁「批評」、
「責備」和「抱怨」，
控制好這三大情緒衝動，
是經營人際關係的第一重點！
卡內基

無視自己犯下的錯誤是人類的天性

——即使是窮凶惡極的殺人犯，都不會承認自己作惡多端

一九三一年五月七日，紐約市街頭上演了一齣緊張刺激的警匪槍戰，過程高潮迭起、前所未見。江湖人稱「雙槍手」的殺人犯克洛里（Crowley）持槍頑抗：被警方團團包圍在位於西端大道的公寓。

一百五十名警察與探員逼近克洛里公寓頂樓的藏身處，企圖用催淚瓦斯把「殺害員警的兇手」克洛里熏出家門。克洛里藏身在一張堆滿雜物的椅子後方，手持短槍接連射擊警方。紐約市裡素來清幽的住宅區爆出陣陣震耳欲聾的機槍、手槍聲。

克洛里被捕後，時任警察局長E．P．穆洛尼（E. P. Mulrooney）指出，這名手持雙槍的暴徒，是紐約治安史上頭號危險份子：「他隨時都會殺人，眼睛都不眨一下。」

但克洛里又是如何看待自己？現在我們都知道答案了：當警方突破火線攻堅時，他正在寫一封「致大眾」的公開信。克洛里在信中寫：「這件外套裡藏著一顆疲憊卻仁慈的心，從不願意傷害任何人。」

但在激烈槍戰不久前，克洛里才剛在長島的鄉間公路上射殺了一名員警，還對著地上的屍體補上一槍。這位員警只是要看看他的駕照。

克洛里獲判電椅處決，當他步入執行死刑的星星監獄（Sing Sing Prison）時，是否曾經自問：「難道這就是我殺人作惡的下場？」他沒有。相反地，他說：「我只是想要自我防衛。」

這則故事的重點是，「雙槍」克洛里對自己的所作所為毫無一絲悔意。

星星監獄是紐約最惡名昭彰的監獄，路易士・E・洛伊斯（Lewis E. Lawes）多年擔任典獄長。我曾和他就此一主題書信往來。他指出：「極少數被關在星星監獄裡的罪犯自覺是惡徒，他們根本就認為自己和你一樣，只是平凡人。

「所以他們也會合理思考、會辯解，還會告訴你為何非得撬開別人的保險箱，或迅雷不及掩耳地扣下扳機不可。他們多數人會試圖形塑一套藉口，用來正當化自己的反社會行為，無論荒謬可笑還是合情合理；而且他們會從一而終、信誓旦旦地說自己根本不該被囚禁起來。」

如果「雙槍手」克洛里與其他關在獄中無法無天的惡徒，犯了這麼大的錯誤都不會自責，那麼你、我日常接觸的對象又怎麼會責怪自己呢？

減少批評和抱怨，才能擁有好人緣！

百貨商店之父約翰．華納梅克（John Wanamaker）曾經承認：「三十年前我就學到教訓，責備他人再蠢不過。」

華納梅克早早就學到這堂課，我自己卻是在這個古老的世界裡盲目摸索了三十多年才領悟到：無論出了什麼岔子、錯得有多離譜，九九%的機率沒有人會責怪自己。

批評毫無建樹，因為它只會激發對方增強防禦，而且通常會逼得他竭力為自己辯護；批評危險至極，因為有損對方顏面、傷害自重感，還會心生怨憤。

美國心理學家B．F．史金納（B. F. Skinner）由實驗證明，因表現良好而獲得獎勵的動物，比起表現惡劣受到處罰的對照組，牠們的學習速度更快，成效也更出色。往後的研究也顯示，同樣原則套用在人類身上也會產生相同結果。

另一位地位崇高的奧地利裔加拿大心理學家漢斯．賽耶（Hans Selye）則說：「我們有多麼渴望被認可，就有多麼害怕被譴責。」

伴隨批評而生的憤恨，會重挫下屬、家人與朋友的士氣，而且完全無益於矯正事況。

奧克拉荷馬州恩尼德市（Enid）的喬治．B．強森（George B. Johnson）是一家工程技術商的安全督導員，職責之一是叮囑所有員工上工時要戴上硬殼安全帽。他向上呈報，無論何時，他走過沒戴硬殼安全帽的員工身邊時，都會搬出一大套職能規範告誡對方務必遵守，結果總是得到臭臉回應。而且就算對方當著他的面戴上硬殼安全帽，也會一等他離開就馬上拿下來。

他決定要採取另一種做法。

下一次他發現某些員工沒戴硬殼安全帽時，就會上前詢問對方是否不舒服，或安全帽是否不符合頭圍。然後他會溫馨地提醒這些人，他的工作就是要保護他們的人身安全，免於職場災害，然後建議大家上工時最好戴上安全帽。新做法的結果是配合度大大提升，但毫無憤恨與情緒化反應。

火爆浪子林肯總統，差點因批評而喪命

林肯待人接物的成功心法是什麼？

我花費十年潛心研究他的一生，更投入整整三年撰寫《不為世人所知的林肯》（*Lincoln the Unknown*，暫譯，無繁體中文版）。我還特別研究林肯待人接物的手段，他是否

曾經大肆批評別人？肯定有。林肯是來自印第安那州的年輕小夥子，他不僅會批評他人，還會寫信作詩譏笑別人；他會把信件扔到必定有人撿到的街道上，其中有一封信讓林肯終生被眾人討厭。

甚至，林肯在伊利諾州掛牌當律師後，還會投稿報社攻擊敵手。不過，他也只幹過那麼一回。

一八四二年秋季，林肯匿名投稿春田鎮上的報社，強烈諷刺一位自負、好鬥的愛爾蘭政客詹姆士·席爾茲（James Shields），全鎮居民都笑翻了。敏感、自負的席爾茲怒不可遏，找出匿名作者是林肯以後，立即跳上馬去找他決鬥。林肯不喜舞刀弄槍，更反對決鬥，但這回可再也無路可逃，況且他也不能丟自己的臉。到了雙方約定的決鬥日期，他與席爾茲站上密西西比河灘，準備一決生死。但幸運的是，雙方的同伴在最後一刻介入喊卡。

這起事件是林肯一生中最驚心動魄的一刻，從此他學到人際關係這門藝術中彌足珍貴的一課，那就是此生絕不再寫羞辱他人的信，也絕對不再諷刺恥笑他人。從那時起，他幾乎未曾因為任何事批評任何人。

擁有好人緣的智慧 01

批評毫無建樹，還會激發對方強烈的防禦心。即使打贏了口水戰，卻會失掉好人脈！

絕不批評他人、體諒部屬的立場

——林肯總統的領導成功心法

美國內戰期間，林肯一次又一次委派將領去統帥波多馬克軍團（Army of the Potomac），這支軍隊是聯邦在東部戰區上的主要戰力。但各個將領都慘烈敗北，導致林肯身陷絕望之境、終日鬱鬱寡歡。全國上下約莫半數民眾嚴厲鞭笞這些無能將領，但林肯卻「始終沉住氣、慈悲為懷」，態度平和不為所動。他最喜歡的一句格言便是：**不要批評他人，免得為人非議**。

當林肯夫人與其他人刻薄地談論南方人時，他總是說：「不要批評他們。如果我們置身相同情境，也會和他們一樣。」讓我們看看下方事例：

蓋茨堡戰役（Battle of Gettysburg）發生在一八六三年七月一日至三日。七月四日晚間，率領南軍的羅伯．E．李將軍（Robert E. Lee）開始往南方撤退。不巧的是，當時全美下雨氾濫成災，李將軍率領敗軍抵達波多馬克時，目睹河水暴漲，根本不可能安全渡河；出兵奏捷的北軍緊追在後，李將軍與麾下士兵進退維谷，哪兒也逃不了。林肯看到這個老天送給他的大好機會，心想只要逮住李將軍的軍團，立即可結束戰爭。因此，林肯滿懷希望地命令米德無須召開軍事會議，直接襲擊李將軍的軍團。

可是這位米德將軍幹了什麼好事？他完全反其道而行，不僅直接打臉林肯，擅自召開軍事會議，還猶豫不決、拖拖拉拉。他不厭其煩地想出各種理由回覆電報，拒絕直截了當地襲擊李將軍。最終，洪水退去，李將軍撤離波多馬克，驚險逃過一劫。

林肯得知後火冒三丈。「他是什麼意思？」他對著兒子羅伯特大吼，「老天爺，他到底是為什麼要這麼做？我們已經勝券在握了，只要伸手，他們根本逃不出我們的手掌心。在這種情形下，幾乎任何將領都能帶兵打敗李將軍。要是我身在前線，早就活逮他了。」

林肯難掩悲痛失望之情，坐下來振筆疾書寫信給米德。請別忘記，林肯在人生這個階段遣詞用字非常保守、拘謹，所以他在一八六三年寫下的這封信堪稱是最嚴厲的斥責。

親愛的將軍：

我不相信你能領會李將軍脫逃一事，對我們來說究竟是何其不幸。他原本應該是我們的囊中物。如果我們當時將他一舉擒獲，早就可以結束這場戰爭。但正如眼前所見，戰事仍將沒完沒了地拖下去。上星期一你無法順利襲擊李將軍，現在你的兵力不到先前的三分之二，渡河南下以後又怎麼可能辦得到？我不認為你還可能做出什麼貢獻。你的黃金良機早已轉瞬消失，這使我悲痛萬分。

猜猜看，米德看到此信會有何反應？

米德從未看到此信，因為林肯根本就不曾把信寄出去。他去世後才有人從文件中翻出這封信。

我是這麼想的，而且這僅僅是我的猜想——林肯寫完這封信後，望著窗外對自己說：「等一下！或許我不該這樣急迫。我坐在安靜舒服的白宮，下令米德進攻，出一張嘴很容易；但要是我真的跑去蓋茨堡、要是我親眼目睹米德上星期看到的血流成河景象，要是我的個性也和米德一樣戰戰兢兢。搞不好我也不會急躁地出兵。無論如何，現在已是覆水難收。**如果我寄出這封信，固然一吐為快，但卻會讓米德開始為自己辯解、**

開始譴責我，還會挑起他心中的嫌惡感，更有損以後他擔綱指揮官的地位，或許還會迫使他下台以示負責。」

就這樣，正如前述，林肯把這封信擱置一旁，畢竟他早已從早年痛苦的經驗中得知——**尖銳的批評、斥責，永遠只會適得其反**。

下一次，當我們忍不住想要出言批評他人時，請記得從皮包裡拿出五美元紙鈔，看著紙鈔上林肯的畫像自問：「如果林肯遇到這道難題，他會怎麼做？」

即使對方犯錯，你也應該先調整自己，而不是批評他人

美國文豪馬克．吐溫（Mark Twain）三不五時就會大發雷霆，然後寫下一封封措辭毫不客氣的信。舉例來說，他曾經寫信給一名惹毛他的男士：「你下地獄吧。你就只是出一張嘴，我倒是要看看你最後能不能做到。」另一次，他寫信給一位編輯，抱怨校對人員試圖「改進我的拼音與標點符號。」他直接命令對方：「從今以後，我的稿子都必須原封不動。然後你去叫那名校稿人員，把自己的建議都留在他弱智的腦子裡吧。」

馬克．吐溫寫完這些尖酸刻薄的信以後，心情痛快許多。它們恰如其分地讓他好好

地發洩心中怒火。不過，這些信從未造成任何實質傷害，因為他的妻子每次都會偷偷把這些信從郵箱裡取出來。所以這類信件沒有一封真正寄出去過。

你認識任何你希望他改變、調整或進步的對象嗎？有，對嗎？太好了！我完全認同你的想法。不過，何不從你自己先開始？單從自私利己的立場來說，這麼做比嘗試改進別人可以獲得更大好處，而且風險也比較小。

批評會讓人像刺蝟一樣武裝自己，讚美則會讓人充滿幹勁！

我年輕時很努力試著在別人心中留下深刻印象，曾寫過一封愚蠢至極的信，寄給美國文壇極負盛名的作家理察・哈定・戴維斯（Richard Harding Davis）。當時我正準備為一家雜誌社寫一篇有關作家的文稿，想請戴維斯透露他的工作方法。幾個星期前，我曾接到某人寄來的一封信，文末附注：「信為口述，未經重讀。」這句話在我腦中留下深刻印象，讓我覺得這個人肯定來頭很大，而且位高權重。當時我迫切想要引起戴維斯的注意，因此也在自己的邀請短信末處寫下「信為口述，未經重讀。」

他沒有費心回信給我，只是退回原信，在最下方草草寫下幾句話：「你的惡劣和傲慢，無以復加。」的確，我搞砸了，所以或許活該被打臉。可是，人性使然，我恨得牙癢癢的，從未忘懷，以至於十年後當我得知戴維斯撒手人寰時，我心中仍有一股執念，他曾經深深傷害我。

如果明天你想要激發他人的憎恨之情，讓這股情緒盤據心頭數十年，至死方休，我們只需要放任自己尖酸刻薄地批評他人，這麼做就綽綽有餘了。

當我們應對進退時，且讓我們記住，**我們不是在對付理性思考的生物，而是感性行事的人類，偏見會讓他們像刺蝟一樣武裝自己，自豪與虛榮則會讓他們衝勁十足。**

湯瑪士．哈代（Thomas Hardy）是英國有史以來最出色的小說家之一，但尖銳的批評卻導致敏感的哈代從此擱筆，不再寫小說；同樣的，嚴厲批評也導致英國詩人湯瑪士．查特頓（Thomas Chatterton）最終走向想不開的自我毀滅之路。

面對錯誤時，偉人釋放理解和寬恕，蠢蛋則是批評與斥責

美國開國元勳班傑明．富蘭克林（Benjamin Franklin）年輕時不夠世故老練，但後來搖身一變，不僅手腕高明，待人處世也相當圓滑成熟，因而獲任美國駐法大使。他的成功

心法為何？**「我從不道他人長短，」**他說，**「……只說他人優點。」**

每個蠢蛋都會批評、斥責並抱怨他人，而且多數蠢蛋都會這麼做。不過，若談到理解與寬恕，那就需要修身養性的工夫了。

蘇格蘭作家湯瑪士．卡萊爾（Thomas Carlyle）說，「偉人對待小人物的方式，體現了他的偉大之處。」

鮑伯．胡佛（Bob Hoover）是一位知名的試飛飛行員，經常表演空中特技。有一次他在聖地牙哥表演完畢，正要返回洛杉磯。當時他飛在三百英尺高處，兩具引擎突然雙雙熄火。所幸他反應機敏，操控得當，安全將飛機降落地面。雖然無人傷亡，但整架飛機已經嚴重受損。

胡佛緊急降落後，第一項動作就是檢查飛機用油，果不其然，他駕駛的這架螺旋槳飛機，裝填的是噴射機用油，而非汽油。

他回到機場後，要求會見負責保養這架飛機的機械工。年輕小夥子早就為自己犯下的過錯悔恨萬分，一看到胡佛走近就痛哭流涕。他不僅毀了一架造價昂貴的飛機，還差

責備和抱怨會反向傷害自己，使人變得容易自我批評。
多多鼓勵別人，你將更能看見自己的優點、更有自信！

點把三條人命送進地府。

你可以想像當時胡佛簡直是怒髮衝冠，也可以合理期待，這位自負、嚴謹的飛行員，會劈頭痛罵維修人員粗心大意。不過胡佛並未責怪機械工，甚至根本不曾出言批評；相反地，他伸出雙臂圈抱對方的肩膀說：「我很確定你不會再犯錯，為了證明這一點，我要你明天幫我維修我的F-51飛機。」

正面心態能激發同理心，遠比批評更有效！

父母總是忍不住責罵兒女，你可能會期望我說「別罵小孩」，我不會這麼做。我只是想說：「在你責備孩子之前，請先讀一篇美國新聞界公認的經典文章〈做爸爸的忘了〉（Father Forgets）。」它最早是刊登在《大眾家居雜誌》（*People's Home Journal*）的社論版。我們取得作者授權刊登於此，將《讀者文摘》（*Reader's Digest*）的濃縮版摘錄如下：

〈做爸爸的忘了〉是一篇帶著真摯情感寫就的短文，撥動眾多讀者的心弦，最後製成了一本長銷多年的經典書，作者W．李文斯頓．拉尼德（W. Livingston Larned）寫道：

「有時候，縱使只是一篇短文，都似乎擁有『點醒世人』的神奇魔力。這篇文章確實做到了。」

〈做爸爸的忘了〉

W．李文斯頓．拉尼德

兒子，聽我說：此刻你正熟睡，一隻小小的手掌壓在臉頰下方，鬈曲的金髮貼在汗濕的額頭上。我有些話想對你說，所以獨自偷偷溜進房中。幾分鐘前，我還在書房讀報，當下心中不斷自責，罪惡感終於驅使我來到你的床邊。

兒子，我老是對你發脾氣；你一邊穿衣準備上學時，我一邊斥責你；你沒把鞋面擦乾淨，我也找你麻煩；當你往地上摔東西時，我更是對你大吼大叫。

在早餐桌上，我一樣挑三揀四。你的食物灑出來；你滿口食物、狼吞虎嚥；你把手肘擱在餐桌上；你挖太多奶油塗麵包。當你起身想去玩耍，我也差不多要去趕火車了，你轉身向我揮手大聲說：「爸爸再見！」我卻皺起眉頭回你一句：「抬頭挺胸！」

不知道你還記不記得，回家後，我正在書房裡看書，你怯生生地走進來，眼中還帶著一絲受傷的神情？我厲聲問：「你要幹麼？」

你什麼也沒說，反而像一陣旋風似地衝過來撲進我懷中，舉起雙臂圈住我的頸背，用力地親我。然後你一溜煙地跑走了，啪噠啪噠地跑上樓。

天啊，兒子，你一跑開後，報紙就從我的手中滑落，一陣強烈自我厭惡感和恐懼襲上心頭。我怎麼會養成這種習慣？只會看缺點、只會碎碎念。這就是我對待一個小男孩的方式。我絕對不是不愛你，而是我對你的期望太高，我採用看待同輩的標準要求你。

兒子，今晚再也沒有什麼事比得過這一吻。我在一片漆黑中走到你的床邊，雙膝著地，心中深感懺悔！等到明天，我要改頭換面，當一個貨真價實的老爸！我要當你的哥兒們，你不開心的時候我就不開心，你開懷大笑時我也跟著笑。

我恐怕一向都拿大人的標準看你，但兒子，我現在清楚地看著你，你還只是個小嬰兒。昨天你還被媽媽抱在臂彎裡，頭枕在她的肩膀上。我實在要求太多、太多了。

讓我們別再苛責他人，而是試著理解；讓我們想通對方這麼做的原因為何。正面心態遠比批評有好處、有成效，而且更能激發同情心、包容心與仁慈心。「了解一切，才能寬恕一切。」

正如英國文學家山謬・強森（Samuel Johnson）博士所說：「上帝會在每個人蓋棺後才審判他的功過！」

你、我又為何要去指責別人呢？

建立有效溝通準則一：不批評、不責備、不抱怨。

卡內基魅力學 01

要求自己「不批評、不責備、不抱怨」!

- 亙古不變的人性定律：人們有多麼渴望被認可，就有多麼害怕被譴責。
- 我們不是在對付理性思考的生物，而是感性十足的人類，批評會讓他們像刺蝟一樣武裝自己，讚美才能讓人充滿衝勁。
- 即使對方犯錯，你也應該先試著理解，對方這麼做的原因為何，而不是立刻責備。
- 正面鼓勵遠比批評有效，而且更能激發同情心、包容心，與仁慈心。

第二章

真心誠意地讚美他人

一流人士的成功法門

我的專業能力和績效都不錯，但與人相處總是不夠靈活，常常覺得自己做事好成功，做人卻好失敗……
一般人
我從不吝惜稱讚他人，因為讚美可以激發周圍所有人的熱忱，人氣愈好，財氣也跟著來！
卡內基

看透別人的內心渴望，就能讓對方打從心底為你做事

天底下只有一種方法能叫得動任何人做任何事。你是否曾靜心下來想通這一點？沒錯，那就是，讓對方打從心底願意去做那件事。

除此之外，別無他法。

當然，你可以亮出手槍抵著一個人的胸膛，要他乖乖拔下手錶交給你；可以當面對員工祭出開除令，威脅他們團結合作，但一等到你轉身離開，誰也難保他們會怎麼做；你也可以執鞭或口出恫嚇，讓孩童按照你的吩咐行事。不過，上述拙劣粗魯的手段只會激發極端不利的反應。

請記住，我能夠叫得動你做任何事的唯一方法就是，提供你渴望得到的東西。

「成為重要大咖」是每個人最深層的渴望！

你想要什麼？

奧地利心理學家西格蒙德·佛洛伊德（Sigmund Freud）說，舉凡你、我所做的事都源

於兩樣動機；性衝動與成為偉人的渴望。

美國造詣最高深的哲學家約翰・杜威（John Dewey）對上述說法稍有不同見解。杜威博士說，人類天性中最深切的衝動就是「渴望成為對他人重要的人」。請謹記「渴望成為對他人重要的人」這句話，杜威確實一語中的。你在展閱本書時將會一再讀到這句話。

你想要什麼？其實並不多，但有幾樣事物是你真正需要的，而且吃了秤砣鐵了心非得到不可，絕不容許拒絕。多數人最渴望的事物包括：

渴望一、健康和生命
渴望二、食物
渴望三、睡眠
渴望四、金錢以及可以用金錢買到的物品
渴望五、善終
渴望六、性生活滿足
渴望七、兒女身心健全
渴望八、受人重視

上述渴望幾乎全都能被滿足，唯獨一項是例外。那就是佛洛伊德所說「成為偉人的渴望」，也就是杜威所說「成為重要大咖的渴望」。

林肯有次寫信時劈頭就說：「每個人都喜歡聽好話。」美國哲學家威廉・詹姆斯（William James）也說：「人類天性最深切的本質就是渴求受人重視。」請注意，他並不是說「希望」、「企望」或「想望」，而是說**「渴求」**受人重視。

這是一股人類與生俱來擾人不休、亟待解決的飢渴感，任何人只要能老老實實地滿足這股飢渴，就能將他人掌握在手中，「甚至死後連殯葬員都為你惋惜。」

渴望受重視是人類與動物的主要差別

渴望受重視是區分人類與動物的主要差別。我舉個例子：我是密蘇里州的農家小孩，家父飼養品質精良的杜洛克豬（Duroc-Jersey）和血緣正統的白臉牛。我們以前都會帶著豬仔和白臉牛橫跨中西部，到處參加鄉間農產品交易會與牲口展覽會，而且還曾經得過冠軍。家父會拿別針將藍緞帶獎章釘在一塊白布上，每當有親朋好友登門拜訪就會拿出來獻寶，自己握一端、我握另一端。

豬仔根本就不在乎牠們贏的藍緞帶，家父卻相當珍惜，因為這些獎品帶給他自重感。

倘若我們的祖先未曾有過這股烈火般熾熱的自重感，就不會有傳承數千年的文化；沒有文化，我們就和其他動物相去不遠了。

了解自重感的來源，這將影響你的性格與未來！

就是這股自重感鞭策一名未曾受過教育、在貧窮中打轉的雜貨店櫃員奮發圖強，自己從塞滿雜貨的大木桶裡，翻出以前花了五美分買來的法律書籍研讀。你或許聽過這名雜貨店櫃員的大名：林肯。

就是這股自重感激勵英國作家查爾斯．狄更斯（Charles Dickens）寫下流芳萬世的名著；這股自重感驅使英國建築師克里斯多佛．雷恩（Christopher Wren）爵士在石材中設計出和諧美感；**這股自重感鼓舞約翰．D．洛克菲勒賺到一輩子都花不完的財產！**

這個渴望讓你想要穿上最新潮的服飾、駕駛最新款的轎車，而且開口閉口都是自己聰明伶俐的兒女。

同樣是這股渴望誘使許多青少男、青少女加入幫派，參與犯罪活動。根據前任紐約市警察局長E．P．穆洛尼的說法，一般年輕的罪犯都很自大猖狂。他們被逮捕後提出的第一項要求，就是閱讀那種會把他們捧成英雄的腥羶色小報。他們從未想過以後的牢獄生涯將有多難熬，只想要和那些運動明星、影視名人，或政治人物的照片同時出現在版面上。

如果你能告訴我你如何獲得自重感，我就能夠清楚說明你是一個怎樣的人，因為自重感會決定你的性格，它對你而言是最重要的事。舉例來說，約翰．D．洛克菲勒捐贈善款給中國北京興建最先進醫院，照顧許多他未曾謀面，也永遠不會相見的貧民，因而獲得自重感。反之，一九三〇年代美國通緝犯約翰．狄林傑（John Dillinger）卻是以成為搶匪、銀行大盜與殺人兇手，換取自重感。

沒錯，狄林傑與洛克菲勒之間最大的差別就在於獲得自重感的方式不同。

即使已經成為偉人，對受重視的渴望仍是源源不絕！

歷史上有許多名人為了獲得自重感，歷經了無數艱難和掙扎：即使是美國前總統喬治・華盛頓（George Washington）都想要聽到別人稱呼他「美國總統大人閣下」；義大利航海家克里斯多福・哥倫布（Christopher Columbus）向皇家請求准用「海洋大將」和「印度總督」名銜；俄國女皇凱薩琳大帝（Catherine the Great）拒絕拆閱任何信封上未曾署名「女皇陛下」的信件。

一九二八年，幾名美國百萬富翁資助海軍少將理查・E・拜爾德（Admiral Richard E. Byrd）赴南極探險，附帶條件就是必須用他們的名字為冰山命名；法國作家維克多・雨果（Victor Hugo）甚至奢望以他的名字取代巴黎市；就連英國至高無上的偉大作家莎士比亞（Shakespeare）也千方百計想為自己家族取得一枚象徵榮譽的勳章。

對自重感的強烈渴望，甚至成為部分精神疾病的肇因

有些專家宣稱，每個人都可能會發瘋，因為他們想遁入瘋狂的幻境，尋找冷酷現實世界不可得的自重感。在美國，醫院裡的精神病患人數比其他病患的總和還多。

失心瘋的肇因是什麼？

沒有人能回答如此籠統的問題，約莫半數精神病患可以歸咎於腦部受損、酒醉、中

毒，以及其他原因所造成的傷害等生理成因。可是另外一半才真的是駭人聽聞，這一半失心瘋病患的腦細胞並無任何明顯的疾病徵兆。等他過世後解剖檢驗，將腦細胞組織放在最高性能的顯微鏡下方研究，結果發現他的腦細胞完全和你、我一樣健全。

為什麼這些人會失心瘋？

我拿這個問題請教一家最負盛名的精神病院主治醫師。這位醫師在這一項領域具有淵博學識，曾獲得最高榮譽與全醫界最炙手可熱的獎項。他坦承，自己也不明白為何人們會失心瘋。沒有人知道，這一點是必然的，**不過他確實明說，許多失心瘋的病患，卻在幻想中找到真實世界得不到的自重感**。接著他又告訴我一則真實故事：

我現在有一名病人一頭栽入不幸的婚姻。她想獲得愛情、性滿足、兒女與社會地位，但現實生活中卻一樣也得不到。丈夫不愛她，甚至拒絕與她一起用餐；她膝下無子，也得不到社會地位，最後終於發瘋了。在她幻想的情境中，她已與丈夫離婚，恢復娘家姓氏；她還相信自己早就嫁給英國皇家貴族，堅持要旁人稱呼她史密斯夫人。

至於兒女，她現在幻想自己生了一個小嬰兒，每次我去看診都會聽到她說：「醫師，我昨晚生了一個小嬰兒。」

這則故事悲慘嗎？唉，其實我也不知道。她的主治醫師對我說：「就算我真的能出手治好她的瘋病，我也不會這麼做。現在的她比較快樂。」

如果有人對自重感的飢渴程度強烈到因此步入失心瘋的境界，以便獲得滿足，不妨想像一下，如果你、我總是不吝於真誠讚揚他人，將可能產生何等奇蹟。

不要吝惜讚美部屬和同事
——美國鋼鐵大王卡內基的首要成功祕訣

在個人所得稅制度都還沒建立，而且週薪五十美元就能過得相當優渥的年代，最早躋身美國商界年薪百萬美元的人士之一，是曾任卡內基鋼鐵公司總裁的查理斯·施瓦布（Charles Schwab）。他深獲鋼鐵大王安德魯·卡內基賞識，一九二一年成為成立不久的美國鋼鐵公司第一任總裁，當時他才三十八歲。

安德魯·卡內基為何要開出年薪百萬美元的天價，延攬查理斯·施瓦布？究竟是為什麼？因為施瓦布天賦異稟？那倒不是。因為他是全天下最懂鋼鐵製造業的專家？差得遠了。查理斯·施瓦布親自告訴我，在他麾下，比他了解鋼鐵製造業的專家比比皆是。

施瓦布說，他之所以能夠坐領高薪，絕大部分得歸功於待人處世的手腕。我問他有何心法，以下字句就是他親口透露的祕密；如果我們恪守這番話，你、我的生活方式應該會跟過去截然不同。

「我認為，我的才能便是激發下屬的熱忱，」施瓦布說，「我所擁有的最強資產以及我充分開發每一名人才的方法，就是讚賞和鼓勵對方。」

「**在這世界上，最容易摧毀個人志向的武器就是上司的批評。**我從來不批評任何人，只提供人們努力工作的激勵因子。我由衷嘉獎他人，從不吝惜讚美。」

這就是施瓦布的作為。但一般人又是怎麼做的？恰恰相反。如果他們不喜歡某件事，就會盡其所能地挑三揀四；但就算他們喜歡某件事，卻一句好話也不會說。

「我一生交遊廣闊，走遍世界拜會過無數知名人士，」施瓦布宣稱，「但我發現，無論個人如何偉大、地位如何崇高，唯有付出的讚許多於批評，才更能夠成就偉大事業。」

老實說，上述這番話正是安德魯·卡內基終生成就的顯著理由之一：卡內基於公、於私都不吝稱讚同仁。

真心誠意的讚許，也是洛克菲勒待人處世的頭號成功祕訣。

舉例來說，當其中一位事業夥伴愛德華·T·貝德福（Edward T. Bedford）誤判商機，在南美做錯一樁交易，導致公司虧損一百萬美元，洛克菲勒大可劈頭臭罵他一頓；但他深知貝德福已經盡力而為，而且整起事件也早已落幕。於是他反過來找出值得讚許的環節，恭喜貝德福最後還能為這樁投資案省下六成資金：「實在了不起，」洛克菲勒說，「我們不可能每件事情都一帆風順。」

讚美也是婚姻美滿、感情升溫的特效藥

我一向有剪報習慣，其中有一則小故事雖然不是事實，卻能彰顯真理，於是我在此重述。

這一則好笑的故事是說，有一名農婦在整日辛勞後，為幾個出力幹活的大男人準備一堆乾草當晚餐。這幾名大漢暴怒地質問她是不是瘋了，她回答：「幹麼罵我？我怎麼知道你們在不在意？二十年來我每天煮飯給你們吃，你們一聲也不吭，根本從來就沒聽

人類內心最殷切的渴望，就是得到肯定。
若你能時時讓旁人感覺自己受到激勵，這可是比專業技術更值錢的能力！

你們說過不吃草啊。」

幾年前有人針對離家婦女做過研究。你知道他們發現這些婦女離家的主因是什麼嗎？是「沒有人感激她們的付出」。我敢打賭，如果有人針對離家男性做過相似研究，應該也會得到同樣結果。**我們經常將另一半的付出視為理所當然，從未讓對方知道我們心中溢滿感激。**

我們班上有一名學員對大家說，有一天他的妻子提出一項要求。她請丈夫條列出六項有助她成為更完美嬌妻的事項。他對全班學員說：「她的要求把我嚇了一大跳。老實說，我輕輕鬆鬆就能列出六件希望她改進的事項。天曉得，她搞不好隨隨便便就能列出上千件要我改進的事項。所以我根本沒有列。我對她說：『讓我想想，明早再告訴妳。』

「隔天我起了個大早，打電話到花店要他們送我太太六朵紅玫瑰，而且還附上一張紙條寫著：『我實在想不出六件希望妳改進的事項。我就愛妳現在的樣子。』

「傍晚我回到家，你們猜，誰站在門口迎接我？沒錯，就是我老婆！她幾乎是熱淚盈眶。我萬分慶幸自己沒有依照她的要求出口批評。

「當週的星期日她去了教堂，並向其他幾名教友交流，好幾名和她一起上課的婦女都走到我面前說：『這真是我所聽過最貼心的體己話。』當下我才真正心領神會讚賞力量無遠弗屆。」

我曾經盲從「流行」跟著絕食，前後六天六夜不曾進食。你、我都知道，如果叫家人或員工六天六夜不進食，那就是犯罪；只是，他們卻可以連續六天、六星期或是六十年，完全不給家人或員工期盼中的讚美。

當年，主演《重聚維也納》（*Reunion in Vienna*）的百老匯紅牌男星艾佛瑞・蘭特（Alfred Lunt）曾說：「我唯一迫切需要的事物就是滋養自尊的元素。」

我們滋養兒女、朋友和員工們生理所需的營養，但曾幾何時提供他們自尊所需的營養？我們供應他們牛排、馬鈴薯等能補充身體能量的食物，卻未曾給予讚賞和溫和的言語。讚美恰恰有如生活中的晨曲一般，將會長久縈繞記憶中。

學會清楚區分讚美和諂媚，否則聰明反被聰明誤！

——讚美出自真心誠意，諂媚只是隨口說說

現在，有些讀者看到這幾段時可能會說：「拜託，我早就試過拍馬屁、阿諛諂媚、油嘴滑舌了！一點用也沒有。聰明人根本就不吃這一套。」

當然沒錯，**對於有自知之明的人來說，曲意奉承很難起作用，因為假話通常都很空洞、自私而且虛偽，注定有十之八九會吃閉門羹。**沒錯，有些人實在太渴望聽到好話，甚至已經到了飢不擇食、照單全收的地步，就好比餓到發慌的人看到草根、魚餌也會一口吞下肚。

即使是英明的維多利亞女王（Queen Victoria）也都會被諂媚之言打動。前英國首相班傑明．迪斯雷利（Benjamin Disraeli）就坦承自己經常極力恭維女王。套一句他自己的說法，就是「百般奉承」。不過，迪斯雷利可是當時極度精明、聰明能幹而且老練圓滑的政治人物，曾經統治盛名遠播的「日不落大英帝國」，獲稱最天賦異稟的政治人物。因此，他長袖善舞的招數不代表你、我也能玩得一樣漂亮。時間一久，諂媚逢迎只會讓你露出狐狸尾巴，弊大於利。諂媚逢迎可說是贗品，就像假鈔一樣，如果你真的拿來交易，總有一天非惹上麻煩不可。

讚美和諂媚區別何在？很簡單，前者出自真心誠意，後者只是虛情假意；前者語出由衷，後者隨口說說；前者是無私之語、後者只為自己盤算；前者廣為眾人欽佩，後者廣遭天下唾棄。

真誠才能讓讚美恰如其分

——花多一點時間思考他人的優點

最近我在墨西哥市的查普爾特佩克宮（Chapultepec Palace）參謁阿爾瓦羅・奧布瑞貢將軍（General Alvaro Obregon）半身像，下方銘刻著奧布瑞貢將軍的智慧雋語：「**無須懼怕攻擊你的敵人，但要提防諂媚你的朋友。**」

可別想錯了！我可不是鼓勵諂媚、逢迎。差得可遠了。我說的是一種新的生活方式。我再重複一次，我說的是一種新的生活方式。

美國思想家拉爾夫・瓦爾多・愛默生（Ralph Waldo Emerson）曾說：「無論你說什麼語言，人如其言。」如果我們只要學會恭維、諂媚就能達到目的，那樣一來，任何人都能現學現賣，也都可以成為人類關係專家了。

當我們不花時間思考某一特定問題時，我們通常會花九五％時間光想自己。現在，請讓我們暫時停止想自己，開始想想別人的優點，就不再需要刻意雕琢還沒說出口，就已經變成廉價又虛偽的諂媚了。

讚美要及時！

——讚美不會越陳越香，只會日漸退燒

在我們的日常生活中，最常被忽略的美德之一就是讚美。曾幾何時，當兒女帶著好成績回家時，我們竟然忘記稱讚；當他們成功烤出一個蛋糕、架設一只鳥籠，我們也會忘記出言鼓勵。對兒女而言，父母感興趣、給予認同是全天下最能讓他們開心的事。

下一次，當你在餐館裡享受一客美味的菲力牛排，請記得轉告主廚，他的廚藝實在精湛；當疲累不堪的業務員仍展現絕佳風度時，請別忘了為他打氣。

每一位牧師、講師和公共演說家都心知肚明，當他們傾全力帶給聽眾美好體驗，卻換不到一絲讚賞時，內心將有多麼失望透頂。我們經營人際關係時絕對不應該忘記，所有接觸的對象都是活生生的人，他們都渴望得到贊同。**讚美就像法定貨幣一樣，人人都愛。**

試著在日常生活中留下一點讚美的足跡，讓這一點火花點燃友誼的熱度。下一次當你再度造訪時將會驚喜地發現，它竟然壯大成友誼的火炬。

真誠的讚美確能達成效果，但批評與嘲笑卻一無是處。

傷害他人不僅無法改變對方，還只會招致反感。我將一句古諺剪下來貼在梳妝鏡

上，好逼自己每天非得看到不可：

我的人生就只走這麼一遭，因此，任何我能貢獻的美好與良善，現在就去做。切勿遲疑、切勿怠慢，因為我的人生不會再走第二遭。

愛默生曾說：「凡是我所遇見的人都有勝過我的長處。在這些方面，我就應當向他學習。」

倘若這是愛默生的肺腑之言，那麼對你、我而言，是否更該是千百倍的真言？且讓我們暫勿思考自己的功績與需要，試圖想想他人的優點；然後拋棄諂媚恭維，提供不虛假、真心誠意的讚賞；做到「由衷嘉獎他人，從不吝惜讚美」。這樣一來，別人就會珍視你的言語為無價之寶，終生念念不忘；即使你自己早已忘得一乾二淨，對方卻會年復一年地銘記在心。

建立有效溝通準則二：只給不虛假、真心誠意的讚美。

卡內基魅力學 02

所有人都迫切地需要真誠的欣賞和讚美！

- 「渴望受人重視」是人類與生俱來的心靈飢渴感，任何人只要能老老實實地滿足這股飢渴，就能將他人掌握在手中。
- 無論個人如何偉大、地位如何崇高，唯有付出的讚美多於批評，才更能夠成就偉大事業。
- 諂媚逢迎可說是贗品，就像假鈔一樣，如果你真的拿來交易，總有一天非惹上麻煩不可。
- 讚美就像法定貨幣，人人都愛！

第三章

滿足他人的迫切需求

九〇%的人做不到的成功祕訣

我才剛開口
客戶就說「不需要」，
自己的年度業績目標都有危險了，
我哪裡還有時間
關心客戶的需求……
一般人
一流業務員只關注
客戶有何需求、如何實現，
絕對不會提到自己的
渴望和業績目標。
卡內基

懂得滿足他人的需求，就能在各種場合中無往不利！

每年夏天，我都會去緬因州釣魚。就個人來說，我是草莓與奶油控，但我也知道，出於不知名的原因，魚兒喜歡吃蟲餌。所以，當我去釣魚時，我不會帶自己喜歡吃的食物，而是反過來想牠們要什麼。也就是說，我不會把草莓與奶油掛在魚鉤上，相反的，我會扣上小蟲或蚱蜢，一邊在魚兒面前晃著餌，一邊說：「難道你不想吃蟲餌嗎？」

當你想要讓別人上鉤時，何不採用同樣常識？

第一次世界大戰期間英國首相洛伊德．喬治（Lloyd George）就是這麼做的。每當有人問他，為何美國前總統威爾遜、義大利首相維多里奧．艾曼紐．歐蘭朵（Vittorio Emanuele Orlando），與法國總理喬治．克里蒙梭（Georges Clemenceau）等戰時領導人都已漸為世人淡忘，他卻能繼續大權在握？他回答，這只能歸功於一點：他很早就明白，釣魚時必得給魚兒吃牠愛的餌。

我們幹麼老是喋喋不休自己的需求？這也太幼稚、荒謬了吧？當然，你肯定會永遠關心自己的需要。我們每個人都像你一樣：只關心自己的需求。

也因此，**世界上唯一能影響他人的方法，就是談論他們的需求，而且還讓對方知道，如何才能滿足他的需求。**

明天當你試圖要求別人做事時，請記起這句話。舉例來說，假設你不願見兒女吸菸，千萬別碎念，也別對他們說你想要怎樣又怎樣，但可以讓他們知道，吸菸可能會讓他們無法加入籃球隊，也跑不贏百米競賽。

不論你是處理兒女瑣事、對付一頭小牛或小猴，這一點很值得你記在心上。

再舉個例子：有一天，愛默生與兒子試著驅趕一頭小牛進牛棚，但他們卻犯了全天下人都會犯的毛病：一心只想滿足自己的需求。愛默生在後方用力推、兒子在前方死命拉。但這隻小牛也和他們一樣只想著自己，所以硬是不肯離開草地。一名愛爾蘭女傭看到雙方對峙，她想到小牛的需求，所以將拇指放進小牛嘴裡，讓牠吮吸，然後溫柔地引領牠進入牛棚。

作家哈利・A・歐佛斯崔（Harry A. Overstreet）在深具啟發性的著作《影響人類行為》（*Influencing Human Behavior*，暫譯，無繁體中文版）中說：「實際上，我們的行為是出於基本欲望……未來若是有人想要勸導他人，無論是在商場、家庭、學校或政界，最佳建言就是：**首先，掌握對方心中最迫切的需求，若此，你就能擁有呼風喚雨的能力，否則就只能踽踽獨行。**」

所有人的信都被當成垃圾，為什麼只有鋼鐵大王卡內基的信讓人日日盼望？

家境清寒的蘇格蘭貧童安德魯·卡內基甫出社會時，每小時只賺兩美分，但他終其一生卻捐出三億六千五百萬美元回饋社會。**他在很小的時候就領悟，影響他人的唯一方法就是關心對方的需求**。他前後接受教育僅四年，卻相當熟稔人際關係之道。

試舉例子說明：卡內基的兄嫂掛心一雙兒子，思念成疾。他倆在耶魯大學求學，諸事纏身以至於疏忽寫信回家，就連母親在家朝思暮想都不聞不問。

安德魯·卡內基知情以後，便和家人打賭一百美元，賭他無須低聲下氣，也能讓這兩名姪子回信。他寫了一封漫天閒聊的信寄給他們，文末強調他各為兩人附上一張五美元鈔票。

但事實上，他根本就沒有把錢裝入信封。

果不其然，兩名侄兒很快就回覆感謝信，開頭是：親愛的安德魯叔父……下文就任憑讀者自己想像吧。

只用一張利弊分析表，就把租金調降了一半！

我們每季都需要主辦一系列二十場的演說課程，有一次我便向紐約某家飯店訂了二十晚的大廳使用權。

在某一季開始之際，那家飯店突然知會我必須提高租金，支付金額是過去的三倍。我聽到這則消息的時候，不僅已經印好、寄出入場券，而且連通知都發出去了。

我自然是不願意支付暴漲的租金，但就算我跑去和飯店大談特談我想要的結果又有什麼用呢？他們只關心自己的需求而已。於是，幾天後我前往飯店拜會經理。

「我接到您的來函時，頗感震驚，」我說，「但我一點也不怪你。倘若易地而處，或許我也會寫出類似的信件。您身為飯店經理的責任就是利潤最大化。現在，如果您堅持要提高租金的話，讓我們拿起紙、筆，寫下這種做法將產生的所有利、弊。」

然後我就取出一張信紙，畫出中線，一邊寫「利」、另一邊寫「弊」。

我在「利」那一欄寫下這幾字：大廳空置。然後我接著說：「你可以自由出租大廳，讓別人舉辦舞會之類的活動，那會是一筆很大的收入，因為像這等規模的活動就會願意支付比一系列講座更高的金額。如果這一季我就占用大廳二十個晚上，你一定會失去不少獲利可觀的生意。

「現在，我們來考慮壞處。首先，你把大廳租給我，不僅無法從我這裡多得到額外收入，進帳反而會變少。事實上，你可能落得毫無賺頭，因為我付不起你要求的金額。我應該會另尋地點辦活動。

「這樣的話，你就得面對另一項不利的事實。這些講座課程會吸引許多高階社會知識份子來你的飯店捧場，對你而言，算是打廣告的好時機，不是嗎？事實上，就算你花五千美元在報紙上登廣告，真正為此上門的顧客，也不一定比我這些課程帶來的人數還要多，這一點對飯店來說應該是彌足珍貴的機會，不是嗎？」

我一邊說還一邊把這兩個壞處寫在「弊」那一欄，然後再把這張紙遞給經理，並說：「我希望您可以仔細考慮利弊，然後再知會我最後的決定。」

第二天，我又收到一封信，知會我租金提高五〇%，而非先前說的三〇〇%。

請留意，我隻字未提自己的需求，就能得到折扣優惠。**當時我的談話完全聚焦在對方有何需求、如何實現。**

假設我氣沖沖地闖進經理辦公室質問：「你一知道入場券已經印好，通知也已經發出去，就突然要漲三倍租金，這是什麼意思?我打死也不多付！」

接下來會演變成什麼局面？一場公說公有理、婆說婆有理的爭辯就會熱鬧登場，你也知道結果通常不會太好看。即使我已經說服飯店經理信有錯在先，他的自尊也會讓他拉不下臉來向後退一步。

明天，你可能必須說服某人完成某件事，開口前請先暫停一下捫心自問：**「我怎樣才能讓對方甘願地完成這件事？」**

這個問題可以阻止我們倉卒之中會見某人，結果反而像無頭蒼蠅一般高談闊論我們自己的渴望。

如何展開成功的談話、寫出無往不利的信件？

——站在對方的立場思考問題，並在開頭就指明你能帶給對方哪些好處

這裡還有另一封信，是由一家極具規模的貨運公司總經理，寫給班上學員艾德華・佛米林（Edward Vermylen）。這封信會對收信者產生什麼影響？我先讀完，再細說。

擁有好人緣的智慧 04

時時刻刻站在對方的立場思考問題，告訴對方如何滿足他的迫切需求，並且以「幫助他人」為所有行動的出發點！

傑瑞加之子公司（A Zerega's Sons Inc.）
11201紐約市布魯克林區前街二十八號
致愛德華・佛米林先生

各位先生：

本公司外運收貨站運作經常倍感窒礙，因為交付貨物運送的客戶，大部分都在傍晚時分才到貨，導致交通壅塞、貨車圍堵，結果本公司員工必須加班疏散貨流，貨物也難免會延遲發送。十一月十日，我們收到貴公司交付五百一十件貨物，但送達時間已是下午四點二十分。

我們極力避免延遲貨物送達可能產生的不良影響，但盼貴公司願意與我方充分配合。且容在下提議，往後這類大宗貨物若需在時限內送達，是否能即早派車將貨品送抵，或者是上午時段就先將部分貨物送來？

這項措施有益於貴公司業務，一來是貨車可以迅速返回，二來是本公司絕對擔保你們的貨物，將在我方收到當天立即派送出去。

總經理J.B.謹啟

傑瑞加之子公司業務經理佛米林先生讀了這封信以後，便將此信轉寄給我，並附上個人見解：

這封信所造成的效果完全和寄信者的初衷背道而馳。他在信件一開始就抱怨貨運站的作業困擾，但一般來說，其實我們一點也不關心；接著他又要求我方充分配合，但完全沒有想到這麼做是否對我們有所不便；最後，他才提到如果我方與他合作，不僅貨車可以迅速返回，而且還擔保我們的貨物在收到當天就可以立即派送出去。

換句話說，我們最在乎的事情最後才被提到，導致這封信激發出敵意，造成反效果，而非合作精神。

現在讓我們看看能否重寫、改善這封信。

我們先別浪費時間討論問題，而是學習亨利・福特所言：「站在對方的立場設想問題，一如你從自己的觀點看待問題。」

以下是一種改法，也許不夠盡善盡美，但是不是有比較看得下去？

致愛德華・佛米林先生

11201紐約市布魯克林區前街二十八號

傑瑞加之子公司

親愛的佛米林先生：

十四年來，貴公司一直是我們的好主顧，我們自然非常感激貴公司的照顧，並且極樂意為你們提供更迅速有效的最佳服務。然而，有件事我們深感抱歉，亦即十一月十日貴公司的貨車傍晚時才送來大批貨物，未來若是仍有相關情事發生，我方恐怕很難再為貴公司提供優質服務。

原因何在？因為許多客戶也會在傍晚時分交貨，自然導致交通打結。這意味著貴公司的貨運卡車，無可避免地會在碼頭受阻，甚至有時候會耽擱貴公司的貨物，無法即時派送出去。

誰也不樂見這種情況發生，但事實上我們可以避免淪於此境。假設您可以在上午時就派出貨車送貨到碼頭，這樣貨車就能順暢行駛，我們也會立即安排貨物的發送程序；到了晚上，本公司的員工就可以及早回家，與家人享用貴公司出品的美味通心粉與義大利麵了。

無論您的貨品幾時送達，我們永遠竭誠立即為您服務。

您的公務繁忙，請勿費心撥冗回覆。

總經理J.B.謹啟

有求於人時，務必聚焦於他人的需求，而非自己的目標！

——一封求職命中率百分之百的自薦信

芭芭拉・安德森（Barbara Anderson）原任職於紐約市一家銀行，她的兒子健康狀況不佳，因此想移居亞利桑納州鳳凰城。她採用了卡內基培訓系統所傳授的準則，寫了一封信，分別寄給十二家鳳凰城的銀行。下頁是信件的內容。

尊敬的先生：

在下擁有十年銀行經驗，相信成長迅速的貴公司會對我的經驗極感興趣。在下目前任職紐約信孚銀行（Bankers Trust company），之前曾負責各個不同部門，因良好的表現而受提拔為分行經理。在下已具備處理所有銀行業務的能力，包括：維繫存款客戶關係、信用貸款、借貸業務，與行政工作。

在下將於五月遷居鳳凰城，並深信自己將能為貴公司的成長、獲利盡一份心力。在下將於四月三日抵達鳳凰城並停留一週，希望居時能有機會讓您了解我將如何協助貴公司達成目標。

芭芭拉・安德森敬上

你猜猜看，安德森夫人寄出十二封信後會收到幾封回應？總共十一家銀行邀請她面試！她將有機會從中選出自己中意的銀行。怎麼會這樣？安德森夫人並沒有侃侃而談她想要得到什麼，只不過是反覆提醒收信人她能如何幫忙，**而且她聚焦在他們的需求，而非自己的目標。**

頂尖業務員從不強迫推銷，而是激發客戶對產品的「強烈需要」！

當今有成千上萬名業務員在路上疲於奔命，總是愁眉苦臉、入不敷出。怎麼會這樣？這是因為他們老是想著自己的需要，卻從來沒想過，他們推銷的產品是否符合我們所需。也就是說，如果我們的確有需要，就會自己走出家門，主動花錢買了。**顧客喜歡感覺自己是主動購買，而非遭到強迫推銷。**

不過，有許多業務員終其一生都採用強迫推銷的手法，而非站在買家的立場就事論事。舉個例子來說，我曾住在大紐約中心的林丘社區（Forest Hills）好多年，有一天我正急忙趕往車站，巧遇在當地買賣房產物件多年的經紀人。他非常熟稔林丘一帶，所以匆忙之間，我問他現在我住的那幢房子建材是鋼筋還是空心磚。他說不知道，順便提供一個我也知道的解決方法，那就是打電話問林丘花園協會，或許可以問到答案。隔天一早我就收到他的信件。他有沒有在信中告訴我所有我想知道的資訊？他沒這麼做，反而又說了一次，我可以打電話詢問相關機構，信末還要求我將保險業務轉給他代辦。

他完全不關心怎樣才能真正幫到我，只關心如何幫助他自己。

「積極」和「熱忱」，能讓客戶產生急迫需求！

——超級推銷員和一般業務的差別，在於能否迅速激起客戶的迫切需求

阿拉巴馬州伯明罕市的J．霍華德．盧卡斯（J. Howard Lucas）說了一個故事，關於兩名任職同一家公司的業務員，遇到相同情形時各別的處理方式。他說：

「幾年前，我擔任一家小公司的主管，公司附近有一家大型保險商的區域總部，它們為業務員劃分負責區塊，我們這裡被分給其中兩名，我姑且稱他們是卡爾與約翰。

「有一天清晨，卡爾登門拜訪，閒聊時談到他的保險公司正針對管理階層提出一種全新型態的壽險保單，他認為我們應該會有興趣。等他拿到更多資訊後會再來一趟。

「同一天，約翰剛在外頭喝完咖啡，打算走回辦公室，在人行道上眼尖看到我，然後就大聲叫喚：『嘿，路克，等一下。我有個天大的好消息正想告訴你的同事。』他急忙跑過來，十分興奮地告訴我們，就在當天，他的公司推出管理階層的壽險保單。（沒錯，和卡爾告訴我們的保險產品正是同一套。）他希望我們成為第一批受保人。他透露一些有關保險範圍的重要事實，講完後還說：『這份保險產品超新的，我正想要明天從總部找個人來詳細說明。現在，讓我們先填好並簽完這些申請表，好讓他可以有更多資料，準備得更詳細。』**他的熱忱喚醒我們的急迫感，即使大家根本不清楚保單細節，卻都爭先**

恐後地想要購買這份保險。當我們終於買下保險才發現，內容和約翰當初解說的條款一模一樣。

「本來應該是卡爾會拿下這筆生意，但他完全沒有嘗試著喚醒我們這些人心中購買保單的渴望。」

能洞察他人心中意念的人，永遠不必擔心自己的前途

世界上充滿只取不給、自私自利的人，所以那些毫不吝惜、試著服務他人的人反而更罕見，也因此能夠獲得超高利益。這種人才能打遍天下無敵手。美國知名律師暨偉大的商業領袖歐文・D・楊（Owen D. Yang）曾說：「能夠設身處地為別人設想、洞察他人心中意念的人，永遠都不必擔心將來前途如何。」

如果你讀完這本書後，愈來愈懂得**站在別人立場去盤算、設想，並從對方的角度觀察事物的走向，這將成為你一生事業的基石**。

從別人的觀點看待問題，激起對方迫切擁有某件事物的用意，並非傳授你操縱他人之道，而是更清楚地指出你自己的優勢與他人的劣勢。談判雙方都應該從協商中獲得雙

贏。貨運承包商寫給佛米林先生的信件，應該要讓雙方受益；銀行聘了一位彌足珍貴的員工，而安德森夫人則是找到一份適合自己的工作；再者是約翰賣出保單給路克，雙方也從這筆交易各取所需。

僅在此重複歐佛斯崔教授的明智見解：**首先，激起對方某種迫切的需要，若能做到這點就可左右逢源，否則到處碰壁。**

建立有效溝通準則三：激發他人的迫切需求！

卡內基魅力學 03

時時惦記、洞察他人心中的意念！

- 當你想說服對方做某件事時，應該先停下來想一想，要怎麼激發對方熱切的渴望！
- 所有的談話開始前，請記住，務必站在他人的角度思考問題，因為對方不見得對你的需求感興趣。
- 時時惦記他人內心的迫切需求，並積極地滿足之，就能在各種場合中左右逢源、無往不利！
- 談判的過程中應該抱持雙贏思惟（think win-win），而非操縱思維，彼此的關係才能長久、永續！

第二部

社交高手的人際相處六大技巧

卡內基將在第二部中，教導讀者更進階的人際相處技巧，這些技巧能幫助你迅速獲得好感、讓聊天過程更自在有趣，進而在他人心中留下深刻印象。請培養好一股深切的渴望，期望自己能精通這六大技巧，

社交高手的
人際相處六大技巧

技巧1 真心關懷他人。

技巧2 常保微笑。

技巧3 姓名對任何人而言，都是最動聽的聲音。

技巧4 當個好聽眾、鼓勵他人多談論自己。

技巧5 談論對方感興趣的事物。

技巧6 真誠地讓對方自我感覺重要。

第四章

真誠相待

學會真誠關心他人，你將走到哪，紅到哪！

我想結交更多朋友，
到底該如何
吸引別人來認識我呢？
一般人
我從來不要求別人先來認識我，
而是提醒自己要先主動、
真誠地關心他人！
卡內基

為什麼小狗總是這麼惹人憐愛?

——「真誠關心他人」的重要性

為何非得看這本書才能學到如何交朋友?為何不向全世界最會交朋友的贏家學習這項技巧呢?他究竟是何方神聖?其實,明天一早你出門上街可能就會看到他。你一走近離他十呎左右的距離,他就會開始興奮地搖尾巴;假如你停下來拍拍他,他會樂到飛上天一般地大方示愛;你很明白,他這番表現是出於滿滿的愛,沒有不可告人的動機;他不是想要賣給你房產,也不打算向你求婚。

你是否曾停下來想過,狗似乎是一種不需要努力工作謀生的動物?母雞得下蛋、母牛得泌乳,金絲雀則得唱歌。但狗卻只要對你奉獻牠的愛就能度過一生。

我五歲時,家父花了五十美分買下一隻黃毛小狗提比(Tippy)。牠可真是照亮了我的童年時光,帶給我莫大歡樂。每天下午大概四點半左右,牠就會坐在庭院前方,只要一聽到我的聲音,牠就馬上像飛箭一般射出,狂喜地又叫、又跳地迎接我。

但牠只陪了我五年,因為牠在一個畢生難忘的悲慘夜晚裡,在離我僅十呎遠的地方遭雷擊而亡。牠的死亡是我童年時代的悲劇。

提比,你從沒讀過心理學,但你根本也沒有必要讀。你的天賦告訴你,**只要能夠真**

誠關心別人，兩個月內交到的朋友數量，會比花兩年吸引別人關心你還多。且讓我重複一次。你只要能夠真誠關心別人，兩個月內交到的朋友數量，會比花兩年吸引別人關心你還多。

但你知、我知，終其一生都在打混的人，滿腦子想的都是如何吸引別人關心他。當然，這種做法一點用處也沒有。因為沒有人會特別關心你，他們對我也是一點興趣都沒有；一天二十四小時裡，他們關心的只有自己。

如何讓人對我感興趣？

——沒有人對你有興趣，你得先主動、真誠地關心他人

紐約電話公司（New York Telephone Company）曾經針對電話交談進行一項地毯式的調查，想找出雙方對話中哪一個字的使用頻率最高。你猜對了：那就是**每個人都愛說「我……我……我……」**。在五百通電話交談中，總共出現三千九百次。「我……我……我……」

當你拿到自己置身其中的團體照時，第一個會看誰？

如果我們只想在他人腦中留下深刻印象、希望別人對我們感興趣，那麼我們絕對很難交到眾多真誠的朋友。所謂知己，不是這樣來的。

舉世聞名的維也納心理學家艾佛瑞．阿德勒（Alfred Adler）曾寫過一本書，名為《自卑與超越》（*What Life Should Mean to You*，二〇一六年華志文化出版繁體中文版）。在書中，他說：「那種對他人根本一點興趣也沒有的人，生活中一定存在著重重險阻，而且會帶給他人極嚴重的傷害。所有人類的失敗，都是由這樣的人引起的。」

你或許讀遍了許多深奧的心理書籍，卻從未想過這一句對你、我而言都非常深刻的雋永道理。阿德勒的智慧之語意涵如此豐富，讓我想要重複一次：

那種對他人根本一點興趣也沒有的人，生活中一定存在著重重險阻，而且會帶給他人極嚴重的傷害。所有人類的失敗，都是由這樣的人引起的。

我曾在紐約大學（New York University）選修短篇小說寫作課程，修課期間，有一名領先業界的雜誌編輯來擔任老師。他說，每天他的桌上都會不斷送來幾十篇文章，他隨便撿起一篇看個幾段就知道，作者本人是否喜好與人打交道。「如果這名作者不喜歡與人打交道，」他說，「讀者也不會喜歡他的文章。」

在談話期間，這名閱人無數的編輯曾經兩度為了離題向大家致歉。「我要告訴各位以下道理，」他說，「其實你們的牧師也曾經講過，不過，請記得，**如果你想要成為成功的小說家，必得先對人感興趣。**」

如果這就是寫小說的祕訣，那麼，你就能肯定，待人處世時更應該如此。

美國超級魔術師薩斯頓的成名祕訣
——我愛我的觀眾！

有一回，家喻戶曉的美國魔術大師霍華．薩斯頓（Howard Thurston）現身百老匯表演，我找了一天傍晚進入化妝間與他促膝長談。他遊歷世界各地長達四十年，創造出許多驚人的特效，風靡了無數觀眾，人們都對他的表演讚嘆連連。全世界有超過六千萬名觀眾看過他的表演，為他創造了兩百萬美元收入。

我請薩斯頓透露成功的祕訣，因為他的學歷顯然完全與當前的成功毫無關聯，他小小年紀就離家四處流浪，只能偷搭霸王車、睡在草堆裡，挨家挨戶討一口飯吃。唯一學習識字的資源，是車窗外一路晃過眼前的廣告招牌。

難道他有高人一等的魔術知識？才不，他說，坊間的魔術技巧專書非常多本，造詣和他一樣高深的人多的是；他只有兩點勝過別人。第一，他有表演的天賦；第二，薩斯頓對人懷有濃厚的興趣。他告訴我，許多魔術家在望著觀眾時會對自己說：「太好了，這裡有一大堆傻瓜、鄉巴佬，我要好好地愚弄他們。」但是薩斯頓完全不是這樣想。他告訴我，每次上台前他總會對自己說：「我由衷感謝，因為這些人來看我的表演。他們讓我獲得舒服的生活，因此我要使出十八般武藝，讓他們滿載而歸。」

他說，每一回他走向舞台時，從來沒有忘了對自己耳提面命：**「我愛我的觀眾。我愛我的觀眾。」**聽起來很可笑嗎？荒謬嗎？你愛怎麼想就怎麼想，我只是原汁原味地呈現了這位最負盛名魔術家的為人處世之道。

老羅斯福如何成為最受白宮員工歡迎的總統？

——時時刻刻對部屬展現真誠的熱愛

對旁人一直抱持高度興趣，是美國前總統老羅斯福具有超高人氣的祕訣之一，連侍從都相當敬愛他。他的貼身男僕詹姆士・E・愛默士（James E. Amos），曾出版著作《西奧多・羅斯福：僕從的英雄》（*Theodore Roosevelt, Hero of His Valet*，暫譯，無繁體中文版），內文提及一樁感人故事：

有一次，內人問起總統鵪鶉是什麼，因為她從未親眼見過。總統鉅細靡遺地描述給她聽。稍晚，家裡的電話響了。（愛默士與妻子住在老羅斯福位於牡蠣灣〔Oyster Bay〕宅邸的小房子）內人接起電話，來電者是總統本人。他親自打電話給她並說，現在窗外正有一隻鵪鶉，如果她望向窗外就可以看到。諸如此類的小事完全彰顯他的性格。無論何時他經過我們的屋子外頭，即使沒看到我們，都還是可以聽到他大聲打招呼：「哈囉，安妮？」或是「哈囉，詹姆士！」每次他走過，都會聽到這麼一聲親切的招呼聲。

像這樣的主人怎麼可能會有雇員想躲得遠遠的？怎麼可能會有人不想親近他？

有一天，老羅斯福造訪白宮，塔夫特總統伉儷正好外出。**我們可以從他叫得出每一名老員工的姓名**（即使只是打理雜務的女僕），**看出他是真心誠意地喜歡大家**。

世上絕對不變的交友原則，就是真誠相待！
唯有先對他人展現無私的關心，對方才會把你放在心中。

「當他看到在廚房打雜的愛麗絲，」塔夫特總統的侍從亞契・巴特（Archie Butt）寫，「便問起她現在是否還會烤玉米麵包。愛麗絲說三不五時還會為其他僕人烤，但樓上的房客從未嚐過。

「『他們還真是沒有口福，』老羅斯福大聲說，『當我面見總統時，一定會告訴他。』

「愛麗絲立刻從盤子上拿起一塊玉米麵包遞給他，然後他就邊吃邊走向辦公室，而且還一面向路上擦身而過的園丁、工人打招呼。

「他和每個人打招呼的模樣和以往如出一轍。擔任白宮首席接待員長達四十年的厄文・『艾克』・H・胡佛（Irwin "Ike" H. Hoover）眼眶含淚地說：『那是白宮易主兩年來最快樂的一天。就算有人給我們一百美元，誰也不願意交換這一刻。』」

真心誠意地對他人感興趣，是業務員最該具備的重要特質！

紐澤西州查翰市（Chatham）業務代表愛德華・M・賽克斯（Edward M. Sykes），也是靠著關懷小人物的胸懷，挽留了一名顧客。「許多年前，」他如此回報，「我拜訪嬌生集團位於麻州地區的客戶，其中一家是開在亨罕市（Hingham）的藥妝店。無論我什麼時候去，總會和零食櫃員及銷售員寒暄兩句，然後才去找老闆討論訂單。

「有一天，我去拜訪藥妝店老闆，他要我馬上離開，還說以後再也不會和嬌生做生意了，因為他覺得嬌生只把重點放在食品與折扣店，不利他這種小藥妝店。我聽完馬上落荒而逃，接著就開著車在小鎮裡繞來繞去好幾個小時。最後，我決定回頭去找藥妝店老闆，至少試著解釋我們的立場。

「當我回到藥妝店，我就和平常一樣走進去，並對零食櫃員及銷售員打招呼，然後去見老闆。他笑著歡迎我回來，然後給我雙倍訂單。我詫異地看著他並問，我離開的這幾個小時之間是發生了什麼事。

「他指著零食櫃員說，我前腳才剛走，那名男孩就走過來說，我是少數幾個會主動跟他及其他店裡員工打招呼的業務代表；他還告訴老闆，如果說哪一位業務員有資格做這家藥妝店的生意，那肯定是我。老闆同意了，往後也繼續當我們公司最忠實的顧客。**我從未忘記，真心誠意地對他人感興趣，就是業務員最該具備的重要特質，無論對方是誰。**」

即使是最炙手可熱的明星，都渴望得到真誠的關懷和尊敬

我從個人的經驗中發現，**若想贏取對方的注意與合作，最有效的方法就是真心誠意地關心他們，即使對方是最炙手可熱的大人物。**讓我舉例說明。

幾年前，我曾在布魯克林藝術與科學協會開辦小說寫作課程，期間欲邀請凱薩琳・諾里斯（Kathleen Norris）、愛達・塔貝爾（Ida Tarbell），與魯伯特・休斯（Rupert Hughes）等如日中天的名作家來席間分享寫作經驗。於是我們寫信邀請，內文說明我們相當傾慕他們的作品，亟盼他們提供建言，讓我們學習他們的成功之處。

每封信都附上大約一百五十名學生的簽名，我們還說，很明白這些作者要務纏身，無暇準備演說，所以我們擬妥一張問題清單，他們只需要回答相關問題與工作方法即可。

他們都很喜歡這種做法。老實說，誰會不喜歡呢？所以他們就拍拍屁股走出家門，來到布魯克林助我們一臂之力。

我採用了同一個方法，說服老羅斯福時代的財政部長雷斯利・M・蕭（Leslie M. Shaw）、前總統小羅斯福等許多顯赫一時的名人，同意公開對我的學員發表演說。

主動關心、體恤他人，就能迅速贏得真誠的友誼和信任！

假如我們想要交朋友，就應該挺身而出先為他人出力做點事，我指的是要花時間、花精力、無私而且體恤對方的事。當英國的溫莎公爵（Duke of Windsor，即愛德華八世）獲封威爾斯親王後，他打算周遊南美洲，於是在出發前幾個月花了點時間學習西班牙文，以便他到了當地可以用西班牙文（當地語言）發表演講。事後證明，南美洲人真是愛死他了。

多年來，我煞費苦心地找出每一位朋友的生日。我是怎麼做的？雖然我不相信星相學那一類的玩意兒，但我開始請教其他人是否相信，每個人的生日會影響他的性格與個性。然後我就請對方告知生日。舉例來說，假設他說是十一月二十四日，我就會反覆背誦這個日期。一等朋友轉過身去，我馬上把對方的名字與日期寫下來，稍後再謄寫到生日紀錄本裡。每年一開始，我就會在行事曆上標示每個人的生日。到了某人生日那天，我就會寄發一封慶賀信函或電報。對方會高興得無以復加！我經常是全世界唯一記得對方生日的人。

如果我們想要交朋友，請真心誠意地與他人打招呼；若是有人來電，你回應時也應該是一樣的心態。你接起電話說「喂」的那一刻，聲調必得讓對方聽了覺得你真的很開心。許多企業會訓練它們的接線生，拿起電話時必須做到讓來電者聽到熱忱、關心的聲調，好讓對方覺得這家企業重視他們。明天當我們要接電話時，請記得這一點。

如何激發顧客的品牌忠誠度？
——就靠真誠的關心！

對他人展現這種真心誠意的關心不僅能為你交到朋友，更可以激發顧客對企業的忠誠度。北美國民銀行（National Bank of North America of New York）在內部期刊登出一封素人瑪德琳．蘿絲黛爾（Madeline Rosedale）來信（注：北美國民銀行的內部期刊名為《老鷹》，以下摘於一九七八年三月三十一日的當期期刊）：

「我想要告訴你們，我很感謝貴行職員，每個人都如此謙恭、有禮，而且樂於助人。我們在排隊等候已久的情況下，還能聽到櫃員愉快地打招呼，真是令人欣喜。

「去年，家母住院五個月，我經常去找櫃員瑪莉．珮圖契蘿（Marie Petrucello），她十分關心家母的病情，經常問起她的狀況。」

還有任何人會懷疑，蘿絲黛爾女士可能不願繼續與這家銀行往來嗎？

你得先關心對方，對方才會想認識你

——花兩小時關心客戶，竟能搞定十年來談不攏的合作！

納夫勒（C. M. Knaphle）任職費城一家煤礦商，多年來一直想和一家大型連鎖機構做生意。不過，這家連鎖企業卻總是向城外的經銷商購買煤礦，而且每次送貨時都會經過他的辦公室門口。有一晚，納夫勒在班上對學員大聲痛斥連鎖業者對全國有害無益。

但話說回來，他還是不明白為何就是和他們做不成生意。

我建議他嘗試不同戰術。簡單說一下後來的發展：我們把全班學員分成兩組，針對「連鎖商店對全國弊大於利」展開一場辯論。

我建議納夫勒加入反對組，他同意為那家公司辯護。然後他直接去拜會原本看不起的連鎖企業高階主管並說：「我不是來試圖兜售自家的煤品，是想請你幫我一個忙。」然後他就告訴對方預定的那場辯論，接著說：「除了你之外，我不知道還有誰更懂這項議題，可以提供我所需要的事實。我很想要在辯論會中獲勝，所以無論你給我什麼，我都感激不盡。」

剩下的故事完全出自納夫勒之口：

我請對方只要給我一分鐘就好，加了這句保證他才願意見我。我開始說明來意後，他為我講解了一小時又四十七分。他喚來另一位出版過連鎖商店專書的高階主管，然後寫信給全國連鎖商店協會，替我找到這個領域的辯論紀錄。他覺得連鎖商店善盡服務社會的宗旨，而且他很自豪為成千上萬個社區所做的一切。他一邊說，雙眼也亮晶晶地閃耀光芒，我必須承認，他改變了我原有的想法。

我即將離開時，他親自送我到門口，一手搭我肩上，祝我辯論順利，並要求我再度來訪，好讓他知道辯論結果。最後他對我說的幾句話是：「春末時請再來找我，我願意向你訂購煤品。」

這句話聽在我耳裡，簡直是奇蹟發生。我根本一個字都沒提，他就主動向我買煤品。過去十年來，我費盡唇舌都沒辦法讓他看我與我家產品一眼，過去兩小時的真心交流卻更有斬獲，讓他願意下單給我。

納夫勒，其實你沒有發現什麼全新真理，著名羅馬詩人帕布里流士·西羅士（Publilius

Syrus）就曾評論：「**當別人關心我們時，我們才會關心他們。**」

就好比其他待人處世的道理，**表達關心非得真心誠意不可**，不僅是主動示好的人如此，被動接受的人亦然。這是一條雙方都能互惠互利的雙向道。

如果你想要他人喜歡你，如果你想要發展貨真價實的友誼，如果你想在幫助他人的同時也幫助自己，請牢牢記得以下準則：真心關懷他人。

建立有效溝通準則四：真心關懷他人。

卡內基魅力學 04

真誠關心他人，朋友才能交到心坎裡！

- 世上絕對不變的交友原則，就是真誠相待！
- 只要真誠關心別人，兩個月內交到的朋友數量，會比花兩年吸引別人關心你還多！
- 真心誠意地對他人感興趣，就是業務員最該具備的重要特質。
- 假如你想交朋友，就應該挺身而出先為他人出力做點事，而且是要花時間、花精力、無私而且體恤對方的事。

第五章

常保微笑
輕鬆留下永久的好印象！

在同事、家人眼裡，
我好像是個脾氣暴躁、
冷淡沉默的人，
我該如何扭轉這個印象……
一般人
請開始對著鏡子
練習溫暖的微笑，
並且嘗試在一週內，
隨時隨地面帶微笑！
卡內基

不要小看「微笑」的無窮魅力！

——一個人的氣質、神態，遠比打扮更重要

在紐約一場宴會中，一位最近才繼承遺產的女賓客急著在每個人心中留下好印象。她斥資買下貂皮大衣、鑽石和珍珠，但臉上卻沒下工夫，因此散發著一股刻薄、自私的神色。她不明白大家都了解的常識：那就是，**每個人所展現的氣質、神態，遠比雍容華貴的打扮來得重要。**

查理斯·施瓦布曾對我說，他的笑容可是價值一百萬美元呢！或許他正是深諳箇中之道。施瓦布的人格、魅力，和輕易就讓人喜歡他的特殊能力，幾乎就是他今日格外成功的原因；在眾多最能打動人的個人特質中，他那令人傾心的微笑尤為翹首。

俗話說得好：「行動勝於空談。」而掛在臉上的微笑，則向人道盡了：「我喜歡你、你使我快樂、我真高興見到你」的感覺。

這就是小狗人見人愛的動物本能。牠們看到我們就快活得不得了，幾乎吠到快要啞然失聲了。因此，自然而然地，我們也很開心看到牠們。

小嬰兒的笑容也有異曲同工之妙。

你是否曾在候診間放眼看看四周，到處是一臉不耐等候的陰鬱臉龐？有一年春天，

密蘇里州雷頓市的獸醫史帝芬・K・史波爾（Stephen K. Sproul）曾對我說，某天他的候診室中人滿為患，人們都排隊準備要讓家裡的寵物注射疫苗。沒有人在和別人聊天。一名年輕婦人抱著九個月大的嬰兒走進來。就這麼巧，他們正好坐在一位等得不耐煩的男士旁。

隔了一秒鐘，他看到小嬰兒盯著他瞧，臉上綻放出嬰兒特有的天真無邪超大笑容。你猜這位男士怎麼著？他當然就和你、我一樣，也對著嬰兒微笑，很快地，他就和那位婦人親切地聊起這個小傢伙。沒多久，整間候診室的人都加入討論，原先沉寂、僵硬的氣氛一掃而空，轉為愉快、可喜的體驗。

那皮笑肉不笑會怎樣？千萬別這麼做，因為那騙不了任何人的。我們都知道，那種微笑超做作，大家都討厭。我指的是**貨真價實的微笑**、**溫暖人心的微笑**，**它發自心底深處**，**這種微笑是人際交往中彌足珍貴的資產**。

常保微笑是成功之路上的最大助力

密西根大學（University of Michigan）的詹姆士・V・麥克康乃爾教授（James V. McConnell）

談及他對笑容的看法：「笑臉迎人的人比較容易在管理、教育、推銷產品當中出類拔萃，也比較容易培養出快樂的下一代。微笑遠比皺眉更能傳情達意，這就是為何鼓勵是遠比懲罰更有效的教學工具。」

全美國一家最大型橡皮公司之一的董事會主席告訴我，根據他的觀察，一個人除非真心覺得做某件事情很好玩，否則絕難成功。這位產業領袖並沒有特別相信「勤奮工作就是通往實現願望的大門」這句古老諺語。他說：「我知道有些人之所以事業成功，是因為他們確實覺得自己的工作很好玩；但之後我也看到，當樂趣變成例行工作，他們就覺得乏味、不好玩，最終走向一敗塗地。」

講電話時別忘了微笑！

——讓你的聲音裝載滿滿的笑容

紐約市一家大型百貨公司的人事部門主任告訴我，她寧可聘僱一名連小學都沒念完的**業務員，只要他／她擁有甜美笑容就好，因為微笑強過臭臉迎人的哲學博士。**

笑容力大無窮，就算看不到，也聽得到。全美國電話公司都有一套名為「電話魔力」的專案，也就是現在所說的電銷事業。公司會建議電銷員工帶著笑容與客戶談話，**因為你的「笑容」會隨著聲音傳到對方耳中。**

俄亥俄州辛辛那提市一家公司的電腦部門經理羅伯特・凱爾（Robert Cryer）告訴我，他費盡千辛萬苦才為一個很難填補的職缺找到合適人選：

「我為了替自己的部門聘僱一位電腦博士，幾乎找到快抓狂了，最後終於在一名即將從普渡大學（Purdue University）畢業的年輕人身上看到理想條件。我們電話交談過幾次，發現同時還有好幾家其他企業希望聘僱他，而且多數都比我的公司龐大、有名氣。

「我很開心他最後接受我的條件。等他報到上班後，我問他為何會選擇我們，放棄別家。他停頓了一會兒後回答：『我想那是因為其他公司的經理在和我通電話時，總是會端出一副冷冰冰、公事公辦的語氣，讓我聽起來似乎只是在做一樁交易而已；但你的聲音卻好似非常開心接到我的電話……也好似你真心誠意地希望我加入你的企業。』我向你保證，我到現在還是帶著微笑講電話。」

擁有好人緣的智慧 06

你不必買鑽石、珍珠和貂皮大衣，只需發自內心真誠的微笑，因為臉上穿戴的表情，要比身上的衣著來得更重要！

微笑要主動，千萬別遲疑！

如果你希望別人接待你時，神情充滿喜悅、歡愉，那麼你得先露出這樣的神情對待他人。

我曾經要求上千名商界人士，一週內每天每個小時都要對別人微笑，然後回來上課時要報告成果。這種做法成效如何？讓我們來聽聽學員怎麼說。我這裡有一封信來自紐約的股票交易員威廉．B．史丹哈特（William B. Steinhardt），他的情況絕非特例，而是經常可見。

「我已經結婚將近十八年了，」史丹哈特寫道，「在這些年間，每天從我起床到準備出門，很少對內人微笑。我就是那些走在百老匯大道上脾氣最暴躁的人之一。

「當你要求我分享帶著笑容說話的經驗時，我想應該可以試試一星期無妨。所以，隔天清晨，當我對著鏡子梳頭時，對著眼前那張陰鬱壓抑的臉龐說：『比爾，今天你得抹去臉上這副怪裡怪氣的死樣子，開始面露微笑，而且從現在就開始。』當我坐下享用早餐時，便帶著微笑向內人道一聲『親愛的，早啊。』

「你曾警告過我，她可能會大吃一驚。嘿嘿，你還真的低估她的反應。她看上去簡直像是活見鬼，整個驚呆了。自從那天起，我的態度大轉變，在兩個月內為我們的家庭帶來的歡樂，遠勝於過去一整年。

「我出門上班時，會微笑著向公寓大樓的電梯服務員道一聲『早安』，也會微笑著向門房打招呼；我到了地鐵站換零錢時，會對收銀員微笑；當我走進紐約證交所大廳，開始對很久沒看到我露出笑容的所有人微笑。

「我很快就發現，每個人也都會回我一笑；任何人跑來向我抱怨或發火，我都會和顏悅色地回禮；我面帶微笑傾聽他們說話，然後我發現，這樣一來，問題竟然更容易解決；**我發現，微笑讓我財源廣進，財富每天都源源不絕地來。**

「我和另一位交易員共用同一間辦公室，他的下屬是一名討人喜歡年輕小夥子，因為我滿意最近實驗所得到的進展，所以把有感而發的為人處世之道說給他聽。然後他向我招認，一開始他和我共用辦公室時，還覺得我是個脾氣暴躁可怕的傢伙，直到最近才改變看法。他說，我微笑時看起來很親切。

「我戒除大肆批評的習慣，現在會以欣賞、讚美取代指責；我已經停止滿口要求自己想要什麼，開始試圖站在別人的立場看待問題；上述改變千真萬確地顛覆我的生活。現在，我完全脫胎換骨，成為一個更快樂、更充實的人，我指的是擁有更多朋友與快樂。這些顯然是人生最重要的事。」

正向的意志可以扭轉負面心態

——隨時叮嚀自己保持微笑

你常覺得笑不出來？該怎麼辦？嘗試以下兩件事。**第一，強迫自己微笑**。如果你獨處時，強迫自己吹口哨或哼哼唱唱，盡力讓自己開心起來，好似你真的很快樂。這樣一來，你就會漸漸變得快樂。威廉·詹姆斯是這樣說的：

「行動似乎是隨著感受而生，但事實上行動和感受並行不悖。所以只要規範你的行動，亦即更直接用意志控制行動，我們就能間接調整不受意志控制的感受。

「因此，倘若我們開心不起來，通往幸福之路的唯一之道，就是設法讓自己高興起來，無論是坐著、動著或說著，都好比我們已經很幸福似的……」

全世界每個人都在尋找幸福，但只有一條路可以找到它，那就是，控制你的思想。幸福並非取決於外部條件，它存在你的內心。

決定你快不快樂的，不是你擁有什麼、你是誰、來自哪裡，或你的職業，你怎麼想才是真正關鍵。

舉例來說，假使有兩個人同時在同一個地點做同一件事情，兩人都擁有相同的財富與名聲地位，但其中一個人可能覺得快樂，另一個卻可能感到悲慘。為何如此？因為不同的心理狀態所致。我曾在赤道看到，頭頂驕陽、手持粗糙工具耕田的農民臉上洋溢幸福笑容，就和所有坐在紐約、芝加哥，或洛杉磯這些大城市附帶空調的辦公大樓裡的白領一模一樣。

英國文豪莎士比亞曾說：「世間事無好壞，全為思想使然。」

美國前總統亞伯拉罕．林肯曾經評論：**「多數人真正獲得的快樂，和他心中所期盼的快樂相差不多。」**真是一語中的。我步上紐約長島火車站的台階時，看到這項真理活生生在眼前應驗。

我的正前方有三、四十名不良於行的男孩正拄著手杖與拐杖奮力拾級而上，其中一名男孩甚至需要他人抱著。他們的笑聲與精神深深撼動我。我找一位負責這群孩子的領隊聊幾句。

「哦，對啊，」他說，「當小孩得知自己下半生注定不良於行時，一開始總會驚慌失措；一旦克服最初的震驚，通常就會順其自然，成為和正常兒童一樣快樂的小孩。」

我真想脫帽向這群孩子致意，他們給我上了終生刻骨銘心的一課。

你就是你「認為」的那種人

——透過不斷將渴望傳達到潛意識，想像就能化為現實

一個人獨自關在一個封閉的辦公室裡工作，不僅倍感孤獨，還會切斷與公司其他同事交朋友的機會。墨西哥瓜地馬拉市的瑪麗亞．岡薩拉斯（Maria Gonzalez）女士就是從事這樣的工作。每當她聽見其他同事歡愉的笑聲和聊天打趣時會害羞地將眼光轉向另一邊。

幾個星期過去了，她對自己說：**「瑪麗亞，別奢望其他同事會主動向妳打招呼。妳得自己走出去對她們自我介紹。」**下一次，她走出辦公室去倒冷飲，在臉上堆起最燦爛明亮的笑容，並對著迎面而來的每個人說：「嗨，你好。」

這種做法的成效立竿見影，每個人都回以微笑與招呼語，整道走廊頓時看起來更明亮、工作氣氛也變得友善。瑪麗亞的人際關係獲得改善，甚至還有幾個人成了她的好朋友。她的工作與人生因此變得更愉快、有趣。

以下散文作家兼出版人阿爾伯特．哈伯德（Elbert Hubbard）的智慧雋語，值得我們細細咀嚼，但請務必記得，除非你實際運用，否則這段雋語對你毫無益處：

無論何時，只要你踏出門外，請收起你的下巴，抬起頭、挺起胸，深深吸飽一口氣；沐浴在陽光下、微笑與朋友打招呼，每一次和他人握手都要真心誠意。別害怕被誤會，也別浪費時間思考如何對付敵人；試圖牢牢地銘記你想要做的事情，然後，千萬不要偏離正軌，你才能勇往直前、直達目的地。

請在心中牢記自己想闖一番偉大、輝煌的事業，然後，隨著時光流逝你就會發現，自己已經在無意中抓住機會，實現遠大抱負，就好比珊瑚蟲一點一滴地從流動潮水擷取自己所需的營養。

請在腦海中想像，自己衷心渴望成為有能力、有熱忱、有作用的人，你緊握在手的這道念頭，正時時刻刻將你轉變成這麼一位特殊人才……

思想的力量無遠弗屆，保持正確的人生態度，亦即具備勇氣、坦誠與愉悅的態度。正向思考就是創造，所有事情都源自渴望，每一位真心誠意的禱者必將得到應許。我們內心希望成為什麼樣的人，就會成為什麼樣的人。

請收緊你的下巴、抬高你的頭。我們就是明天的主宰。

瞬間的微笑會帶來永恆的快樂

古代中國人充滿智慧，看待世事都十分透徹。有一句古諺你、我都應該裁剪下來，貼在我們的帽子內簷。這句話是這麼說的：**「和氣生財，不和氣不招財。」**你的笑容就是傳播善意的信差，會照亮所有看到笑容的生命。對那些皺眉、愁容滿面，或是將臉轉開躲避他人眼光的人，你的笑容就像是破雲而出的陽光；特別是當對方備受上級、客戶、老師或父母或兒女施壓，一個笑容就能幫助他明白，人生不是毫無希望，這世界上還是有快樂可尋。

幾年前，紐約市一家百貨公司看到門市銷售人員正承受耶誕購物季的業績壓力，於是製作廣告投放給路過的讀者，其中的文字帶有平實但寶貴哲學的訴求：

耶誕微笑的價值

微笑不花一分錢，卻收穫良多。

它豐富潤澤接收到的人，給予者也毫無損失。

它僅發生在一瞬間，但有時記憶卻會永恆不滅。

沒有人會因為太富有，就可以說再也不需要它。

但也沒有人因為太貧窮，就會說有了它將會變富有。

它為家庭帶來歡樂、為事業帶來正面善意，也是好友之間的親切問候。

它為疲倦的人帶來慰藉、為灰心的人帶來光明、為悲傷的人帶來陽光。

它是大自然最棒的解憂良藥。

然而，它買不到、求不得、借不來，也偷不了，因為在對外放送微笑以前，沒有人可以從中獲得益處。

假使在這個異常忙碌的耶誕購物季最後一刻，我們的銷售人員累到忘了微笑，能否容我們懇求，留下一個微笑在門市？

因為那些沒有微笑的人其實更需要笑容。

建立有效溝通準則五：常保微笑。

卡內基魅力學 05

「微笑」能夠開啟你的正向天賦！

- 微笑僅發生在一瞬間，卻會在記憶中永恆不滅！
- 微笑能讓人感到「我喜歡你、你使我快樂、我真高興見到你」，這是人際交往中彌足珍貴、人人皆需的資產。
- 只有一條路可以找到幸福：那就是，控制你的思想。因為幸福不取決外部條件，它存在於你的內心。
- 常保微笑，正面的心態就會自然傳達到潛意識，對自己和周遭的人發揮無限的正向影響力。
- 多數人真正獲得的快樂，和他心中所期盼的快樂程度相差不多。

第六章

記牢所有人的姓名

迅速獲得好感的最重要方法

記住別人的姓名好花時間，
又費腦力，我都這麼忙了，
哪裡還有時間
反覆背誦別人的姓名？
一般人
成功者都知道
獲得好感最重要的方法，
就是記住他人的姓名，
讓別人自我感覺重要！
卡內基

記住他人姓名，就能迅速獲得好感

——美國民主黨主席的名字記憶術

回顧一八九八年，紐約州羅克蘭郡（Rockland County）發生一樁悲劇。有一名兒童去世，出殯那一天，左鄰右舍都準備去送葬。當時，吉姆．法利（Jim Farley）走向畜棚，打算拉出一匹馬。路面上覆了一層雪，馬兒關在棚子裡好幾天沒運動，所以當牠被牽出來朝著蓄水槽走去時，開心地繞著圈輕跳，兩條前腿高高地拔向空中，結果活活將吉姆．法利踢死。

吉姆．法利辭世後，僅留給妻子和三個男孩幾百美元保險金。

長子小吉姆才十歲而已，為了貼補家計，從來沒有機會接受教育，但是達觀的天性卻讓大家自然而然地喜歡他，所以他後來投身政治，多年後便逐漸養成一種善於記憶他人名字的神奇本事。

他從來沒有機會走進中學校園一窺究竟，可是他年滿四十六歲前已獲四所大學頒贈榮譽學位，成為民主黨全國委員會主席，和美國郵政部總長。

有一次，我請教吉姆成功的祕訣，他說：「全力以赴。」我說：「別搞笑。」

然後他就問我，不然我是怎麼看待他的成功。我回答：「我知道你叫得出上萬人的名字。」

「不對，你說錯了，」他說，**「我可以叫得出五萬人的名字。」**千萬別小看這項本領，他可是憑著這道本事操刀總統大選競選活動，一九三二年把前總統小羅斯福送入白宮。

吉姆如何培養出一套記住別人姓名的系統？一開始其實非常簡單。**每當他結識新朋友，就會問清楚對方的完整姓名、一些家庭背景資料、職業，及政治看法。**他會像拼圖一樣，將所有事實都嵌上去並牢記在心中。下一次等他再遇到同一個人，即使已經過了一年，他還是可以與對方握手寒暄、問起家人狀況，甚至還能侃侃而談家中後院的花草樹木。難怪他可以養出一大批支持者。

記住名字還不夠，能流暢叫出來才是關鍵

小羅斯福開始投入競選總統之前幾個月，吉姆．法利一天寫好幾百封信，寄給西部、西北部各州的熟人、朋友。然後他就跳上火車，在十九天內走遍美國二十個州，總長一萬二千英里。他會深入城鎮拜會朋友，共進午餐或是早餐、茶點，甚至晚餐，和對

方來一場「心靈溝通」談話。然後他就會繼續趕下一段行程。

一等到他回到美東，就再寫信給他拜訪過的每一名熟人、朋友，請對方將他們曾經有過對話的客人名單寄給他。最後清單上的人名不止成千上萬個，但每一個人都收到吉姆親切、禮貌的覆函。這些信件的開頭都是「親愛的比爾」或「親愛的珍」，信末永遠都是署名「吉姆」。

吉姆年紀輕輕時就發現，一般人在乎自己名字的程度遠超過全世界名字加起來的總和。**記住別人名字後，還得要能輕鬆地叫出來，那就表示你已在其中加入一點微妙的恭維、讚賞的意味。**一旦你忘記了，甚至還寫錯別人的名字，那就是置自己於一種超級難堪的境地。

舉例來說，我曾經在巴黎籌辦公開演說課程，期間我寄發正式信函給所有住在巴黎的美國人。我的法國打字員顯然很不懂英文，填打姓名時就出錯了。有一位任職於大型銀行巴黎分行的男士，寫了一封聲色俱厲的信件給我，因為我的打字員拼錯他的名字。

有時候，記住別人的名字確實有難度，尤其當對方的名字很難發音時。因此，許多人乾脆就刻意不學，要不是略過就是幫對方取一個簡單好叫的暱稱。席德・列維（Sid Levy）有時候會去拜訪一位名為尼可戴姆斯・帕帕多羅斯（Nicodemus Papadoulos）的客戶。多數人只叫他尼可。列維告訴我們：「我下了特別的工夫，不斷對著自己練習叫出他的名字。我有一次當著他的面，流暢地叫出全名打招呼：『早啊，尼可戴姆斯．帕帕多羅斯先生。』他整個驚呆了，怔怔地楞在原地搞不好有幾分鐘，完全講不出話來。最後，熱淚滾下他的臉頰：『列維先生，我在這個國家已經待了十五年，從來就沒有人願意費工夫稱呼我真正的全名。』」

鋼鐵大王卡內基的致富祕訣

——卡內基用鐵路局長姓名為工廠命名，順利拿下鉅額採購案！

安德魯．卡內基的成功祕訣何在？

他雖被譽為「鋼鐵大王」，但他自己對製鋼技術幾乎一無所知。他下轄成千上萬名員工，每個人所懂的鋼鐵知識都比他多。

不過，**他深諳待人處世之道，這就是他致富的原因**。他年輕時就展現了卓越的組織

擁有好人緣的智慧07

記住他人的名字，能讓對方感到自己備受重視；流暢輕鬆地叫出來，更能獲得他人的好感！

本領和領導天分，當時他才十歲，卻已經發現人們格外重視自己的姓名，因此懂得利用這項發現尋求合作。舉個例子說明：當年他還在蘇格蘭時，曾經捕獲一隻母兔子，沒幾天，牠就生下一窩小兔子，但他找不到食物來餵牠們。還好他想出一個好主意，他告訴左鄰右舍的玩伴，要是誰能採來足夠的花草餵小兔子，就用對方的名字給小兔子命名。

這一招簡直就是無往不利。卡內基從未忘記。

多年後，他打滾商場時也採用同樣的心理戰術，為自己掙進幾百萬美元。舉例來說，他想要賣鋼軌給賓夕凡尼亞州鐵路局，當時的局長是J．艾格．湯姆森（J. Edgar Thomson），於是安德魯．卡內基就在匹茲堡興建一間大型鋼鐵廠，並命名為艾格．湯姆森鋼鐵廠（Edgar Thomson Steel Works）。

謎題來了，看你能不能猜對謎底。當賓夕凡尼亞州鐵路局需要採購鋼軌時，J．艾格．湯姆森會向誰買？是零售業龍頭西爾斯．羅巴克（Sears Roebuck）嗎？錯錯錯。當然是安德魯．卡內基！

當卡內基和美國實業家喬治．普爾曼（George Pullman）互相爭奪車廂的臥鋪主控權生意時，他又想起兔子的教訓。

卡內基和普爾曼都想要拿到聯合太平洋鐵路的臥鋪生意，因此互相削價競爭，幾乎把獲利賠光了。有一天傍晚，卡內基和普爾曼在聖尼可拉斯酒店（St. Nicholas Hotel）會面時就說：「晚安，普爾曼先生。我們是不是把自己搞得像傻瓜一樣？」

普爾曼質問：「你這話是什麼意思？」

於是卡內基仔細說明心中的算盤：合併兩者利益。他活靈活現地描繪雙方合作將會產生的共同利益，普爾曼仔細聆聽，但不打從心底相信。最終他問：「你想為這家新公司起什麼名字？」卡內基馬上就回答：「這有什麼好問的，當然就是普爾曼豪華汽車公司啊。」

普爾曼的臉馬上亮了起來：「趕快進來我的辦公室，」他說，「讓我們好好詳談。」

這場談話在工業史上寫下新頁。

世界上最悅耳的聲音，就是自己的名字

每個人都為自己的名字感到驕傲，會付出任何代價只求別人記住他的姓名。即使是當代最出名、狂妄的馬戲大師P．T．巴南（P. T. Barnum），一把年紀時仍然頗遺憾膝下無子繼承衣缽，於是向外孫C．H．西利（C. H. Seeley）出價二萬五千美元，求他將名字改為「巴南」．西利（Barnum Seeley）。

幾百年來，貴族與大亨都會金援藝術家、音樂家與作家，好讓他們的創意大作能夠題上自己的姓名。圖書館、博物館裡最珍貴的收藏品都來自那些害怕自己逐漸被世界遺忘的人。紐約公共圖書館就珍藏傑森・艾斯特（Jacon Astor）和詹姆士・雷諾斯（James Lenox）兩人的藏書；大都會博物館永久保存班傑明・艾特曼（Benjamin Altman）與J・P・摩根（J. P. Morgan）的姓名；幾乎每一座教堂都鑲嵌彩色玻璃裝飾窗戶，並在上面鐫刻捐贈者的姓名；多數大學校園裡的大樓之名都源自捐獻者的名字，以茲感謝。

多數人不願費心記住他人姓名，只是因為不想花時間、腦力用心牢記、反覆背誦，並將名字印在腦子裡。他們為自己找各種藉口，像是太忙之類。

不過，他們就算再忙恐怕也不會比小羅斯福更忙，但他不僅會費時記住他人名字，還會一再反覆回想，即使對方只是曾經接觸過的技工。

記住他人姓名，就能讓別人感覺到「自己很重要」

舉個實例說明：小羅斯福不良於行，無法乘坐一般汽車，於是克萊斯勒汽車（The Chrysler）為他打造一輛獨一無二的汽車。設計師W・F・張伯倫（W. F. Chamberlain）與一名技工一同將汽車送到白宮。此時此刻，我眼前有一封張伯倫的來信，內文詳細記載當下經歷：「我教羅斯福總統如何使用許多特殊配件駕馭這輛車，但他卻教我更多待人處世的道理。」

「當我造訪白宮時，」張伯倫寫道，「總統顯得非常開心、快活。他直稱我的名字，我心裡受用得很。特別讓我印象深刻的地方是，他帶著莫大興趣聚精會神地聆聽我必須解說並展示的項目。」

「當我介紹完所有駕駛守則，總統轉向我說：『好了，張伯倫先生，我已經讓聯邦準備理事會等了三十分鐘。我想該是回去工作的時候了。』

「我帶了一名技工一起進入白宮，在總統一抵達時就曾向他介紹。這名技工沒有和總統說上話，而且羅斯福從頭到尾也只聽過他的名字一次。這傢伙很害羞，一直站在後方。但是總統離開前看到了這名技工，便向前與他握手，還叫喚他的名，並謝謝他專程跑一趟華府。我感覺得到，他的謝詞不是隨口敷衍，而是真心誠意。

「我回到紐約過幾天後收到一封羅斯福總統的親筆簽名照，並附上一張小謝函，再度表達感謝我從旁協助。我一直很納悶他哪來的時間做這些事。」

小羅斯福知道獲得好感最簡單、明顯，卻又最重要的方法，那就是記住他人的姓名，讓別人自我感覺重要。但我們又有多少人做得到？

實際的情況多半是，當我們被介紹給一位陌生人，彼此交談了幾分鐘，等到要道別時卻早已把對方的姓名忘得一乾二淨。

拿破崙三世的超強名字記憶術

從政者的第一堂課就是：「記住選民的姓名，這是政治家風度；忘記的話，你就等著被選民忘記。」

不僅在政界，在商界、人際交往中，記住他人名字的能力也同樣重要。

法國皇帝拿破崙三世是偉大的拿破崙之侄，他曾經自誇，儘管國事纏身，但他和別人打過一次照面就能記住對方的姓名。

他有什麼技巧嗎？簡單得很。如果當下沒聽清對方的姓名就會說：「不好意思，我沒聽清楚你的名字。」然後，如果對方的姓名罕見，他就會追加一句：「怎麼拼才正確？」

在雙方交談中，他會不厭其煩地反覆記誦對方姓名，試圖在心中將對方的姓名與臉孔、神態、外型串接起來。

如果對方是重要大咖，拿破崙就會更用心良苦。只要他獨處時，就會在紙上寫下對方的名字，全神貫注地定睛細瞧，把它烙印在腦子裡，然後就把紙撕了。這樣一來，他雙眼看到的印象就和耳朵聽到的記憶同步了。

上述做法都很費時，但是美國思想家愛默生曾說：**「良好的禮貌是由小小的犧牲換來的。」**

我們應該意識到一組名字所包含的神奇力量，還要明白，這一組專有名詞是由某個我們正在打交道的人所擁有的……而不是人人都有。這個名字讓對方成為這個世上獨一無二的個體。當我們記住了一個人的名字，我們傳遞的訊息和要求就會變得非常重要。當我們和對方打交道時，不論對方是餐廳服務生還是高階主管，叫喚姓名自會發揮神奇的力量。

建立有效溝通準則六：姓名對任何人而言，都是最動聽的聲音。

卡內基魅力學 06

養成牢記他人姓名的習慣！

- 鋼鐵大王卡內基的領導學祕訣，就是記住所有朋友和業務往來對象的大名。
- 獲得好感最簡單，也最重要的方法，就是記住他人的姓名，讓別人自我感覺重要！
- 每當結識新朋友，就要請問清楚對方的完整姓名、職業、休閒愛好，或政治看法，並且牢牢記住。

第七章

全心全意的傾聽

和任何人都能聊的說話術！

我想成為健談的人，
但在各種場合中
自己滔滔不絕地說了幾分鐘後，
大家卻敬而遠之……
健談者最擅長的不是說話，
而是當個好聽眾，
因為唯有傾聽才能讓
對談的對象感到無比愉快！
一般人
卡內基

成為健談者的訣竅：熱心傾聽，而非莽撞多話

我最近參加一場紐約出版商的聚會，巧遇一位聲譽卓著的植物學家。以前我從不曾與植物學家交談過，但我發現他挺風趣迷人的，因此，當他談起異國的植物、親身開發的新品種，和溫室花園時（他還透露廉價馬鈴薯的內幕），我整個身子往前傾，幾乎只坐在椅緣上洗耳恭聽。我自己有一座小型溫室花園，他熱心地告訴我如何解決實務問題。

正如前述，我們正參加一場晚餐聚會，當場肯定有十幾位客人在座，但我完全無視禮俗地把其他人晾在一旁，拉著這位植物學家談了好幾個小時。

午夜終至，我向每個人告辭，這位植物學家當著主人的面，美言我是「最會鼓勵對方的談話對象。」而且還有這項、那項優點，最後他還追加強調我是「最健談的對象」。

最健談的對象？他在說什麼呀？我幾乎一句話也沒說。除非我曾經想要改變談話主題，否則我根本是植物學門外漢，因為我對植物的認識就跟企鵝的骨架一樣，根本一無所知，哪插得上什麼話。不過我知道我幹了什麼好事：**細耳傾聽**。我這麼做是因為真心感興趣，而且他感受到了，自然備受鼓舞。這種專注聆聽是我們能夠回應對方的最高等級讚美。「極少人，」美國散文詩人與劇作家傑克・伍佛（Jack Woodford）在著作《一見

鍾情》（*Strangers in Love*，暫譯，無繁體中文版）中寫道，**「極少人能抗拒專注聆聽所隱隱透露的諂媚之情。」**而且我不只是全神貫注地聆聽，還是「全心全意地嘉許、讚揚對方」。

我告訴那位植物學家，當下我真的非常陶醉在他的解說與指導中；也告訴對方，我真心希望能像他一樣博學多聞；還說我應該會很享受與他一同踏上田野散步；最後更說，我衷心期盼能再見到他。

就因為如此，他認為我是最健談的對象。其實，我只不過是扮演好善於傾聽，並且適時鼓勵他談話的好聽眾而已。

成功洽談生意的祕訣

——積極聆聽，能讓顧客受寵若驚

成功洽談生意的祕訣是什麼？根據前哈佛大學校長查爾斯・W・艾略特（Charles W. Eliot）所言：「敲定一樁成功的生意其實沒有什麼祕密訣竅……聚精會神地聆聽對方說話就是非常重要的環節。這是唯一可以讓對方感到受寵若驚之道。」

艾略特自己以前就是傾聽這門藝術的翹楚。美國第一批偉大的小說家亨利．詹姆斯（Henry James）曾回憶：「艾略特博士的傾聽工夫不僅是靜靜聆聽，還是非常**積極聆聽**。他會正襟危坐，上身完全直立，然後兩手交叉安放在大腿上動也不動，除了兩隻大拇指偶爾會或快或慢地繞著彼此轉圈。**他會面向談話者，雙眼直直地望向對方眼裡，就好比雙眼也在聆聽一般**。他真的是用心聆聽，而且還一邊思考你在說話當時的言下之意……等雙方談話結束，對方會真覺得，自己已經把想說的話全部說出來了。」

這一點真是不證自明，對吧？根本不需要你花四年在哈佛大學攻讀。可是你、我都知道，百貨公司老闆重金租下昂貴地段、進貨時精打細算、將櫥窗妝點得美輪美奐，再花大錢打廣告，卻請了一大堆不懂得聆聽的門市銷售人員，他們總是莽撞打斷顧客言論、出言反駁並惹惱對方。前述種種做法都像是要把顧客都趕出大門。

如何解決顧客衝突？

——用傾聽化解誤會，用耐心贏得信任

最愛挑三揀四的人、最擅長冷嘲熱諷的批評者，往往都會在極具耐心、同情心的聆

聆聽是一種恭維，代表對方說的話很重要。

聽者面前舉白旗。因為，當一個抓狂的人來找麻煩時，就像眼鏡蛇四射毒液，聆聽者就更要沉著以對。我再舉個例子說明：幾年前紐約電話公司發現，他們得處理一名對著客服人員惡言相向的顧客。這名顧客超級毒舌，不僅會連連咒罵，還會失心瘋一般胡言亂語，甚至會威脅毀掉電話線路。他拒絕支付某些他認為不合理的費用，而且還寫信給報社，並無數次投訴公共服務委員會（Public Service Commission），甚至好幾次向法院控訴這家電話公司。

最後，公司派出最厲害的「咒罵客調解員」去拜會對方。「咒罵客調解員」聆聽對方說話，讓這位壞脾氣顧客一五一十地傾吐心聲，過程中只是點點頭說「沒錯」，並適時寄予無限同情。

「他毫無保留地一直說，我大概就這樣聽了將近三小時，」這位「咒罵客調解員」對著培訓班的全體學員說，「過幾天我再回來聽他說更多。我前後拜會他四回，最後一次會面結束前，我已經加入他所創辦的『電話用戶權益保障協會』，成為主要會員了。

「至今，除了那位先生之外，我仍是全世界唯二的會員。

「我靜靜聆聽，以前從沒有電話公司代表會這樣跟他說話。然後他對我的態度也漸漸愈來愈友善了。我第一次去拜會他時不曾表明來意，第二次、第三次也都沒有提起，到了最後第四次我就完全解決了。他付清所有款項，而且史上第一次主動向公共服務委員會撤銷先前的訴訟。」

毫無疑問，這位先生自認為是在為社會公義而戰、保障大眾權益，不受無理剝削；但事實上，**他真正想得到的是自重感**。他從一開始的挑剔、抱怨獲得這種自重感，但後來「咒罵客剋星」的傾聽滿足了他的自重感，他憑空想像的委屈就此人間蒸發了。

所有人都需要傾聽者！

記者艾薩克・F・馬克森（Issac F. Marcosson）採訪過無數風雲人物，他聲稱，許多人無法在別人心中留下什麼好印象，原因是他們根本沒在聽別人說話。「他們一心一意只關心想要對別人說什麼，從不把耳朵打開……**有些大咖曾告訴我，他們喜歡好聽眾，不是健談的人。傾聽似乎是一種比其他良好特質都罕見的能力。**」

不僅是重量級人士偏愛與好聽眾打交道，普通人亦然。正如美國刊物《讀者文摘》

曾說：「現在許多人都流行看醫生，但是實際上他們只是需要聽眾。」

美國內戰（Civil War）陷入最艱困期間時，林肯曾寫信給一位住在伊利諾州春野市的老朋友，請他親赴華府一趟。林肯說遇到一些困難，想請教對方意見。於是老鄰居就造訪白宮了，林肯針對是否解放黑奴這個議題與他商談好幾個小時。林肯詳細深入探討正、反兩方的各種觀點，然後又拿起相關信件與報紙文章閱讀，其中有些人譴責他不應該釋放黑奴，但也有些人譴責他沒膽子釋放黑奴。

就這樣談了幾個小時，林肯和這位老鄰居握手道別，甚至連問他一聲意見都沒有。這位老朋友說：「談完之後他似乎感覺輕鬆了些。」林肯根本就沒有想要聽取建言，只不過需要一位友善、同情的聆聽者，讓他可以徹底宣洩。這就是當我們身陷麻煩時所需要的幫助，也常常是抓狂的顧客、不滿的雇員，以及受傷的朋友所需要的援助。

談話中，專心聆聽的「眼神」也很重要！

——佛洛伊德穿越靈魂的注視

現代最善於傾聽的人要算是西格蒙德・佛洛伊德了。有個曾經見過佛洛伊德的人形容他傾聽的模樣：「這件事帶給我刻骨銘心的印象，這一生我絕對不會忘記他。他具有一些我從未在其他人身上看過的特質，好比極為專注的神情，再也不會有人能夠投射『穿越靈魂的注視』了。他的雙眼溫和、友好；聲調低沉、和煦；肢體動作很少，但他對我的關注、欣賞我談話的程度（即使是結結巴巴），都讓我有一種超凡的感受。你真的無法想像，當有人這樣聽你說話時，其中意義有多麼深遠。」

傾聽才能掌握主動

如果你想知道，有什麼辦法可以讓別人一見你就退避三舍，還在你背後大聲嘲笑你，甚至鄙視你，這裡有個非常管用的配方：絕對不要打開耳朵，自己滔滔不絕地說，幾分鐘就夠了；如果別人正在說話時，你剛好想到妙點子，完全不要等對方發言告一段落，直接給他插嘴講下去就是了。

你認識這樣的人嗎？很不幸的是，我倒是認識，而且更嚇人的是，其中還有不少人是檯面上的大人物。這些人的共同特質是，無聊得要命，被他們自私與自負所麻痺，而且還耽溺在自我良好的感覺中。

因此，如果你想要成為最健談的對象，請先當好聽眾；若想讓別人對你感興趣，就先對他人感興趣。你可以提出別人很想要答覆的問題，鼓勵對方多談論自己及他們的成就。

請謹記，正在和你談話的人對自己、個人需求，與個人問題的關注程度，遠遠勝過對你與你的問題不只幾百倍。對每個人來說，一旦犯牙疼，可是比中國一場飢荒餓死百萬人還要重要；脖子上長了小癤子的嚴重程度，也比非洲地區爆發四十場地震來得高。下次你要和別人談話時請想想這一點。

建立有效溝通準則七：當個好聽眾、鼓勵他人多談論自己。

卡內基魅力學 07

增強魅力的祕訣不在表達，而在聆聽！

- 沒有什麼事情比專心傾聽，更能使說話者感到開心。
- 如果你想要成為最健談的對象，請先當好聽眾；若想讓別人對你感興趣，就先對他人感興趣。
- 聚精會神地聆聽對方說話，就是敲定一樁成功生意的訣竅，因為這可以讓對方感到受寵若驚。
- 「傾聽」就是當我們身陷麻煩時所需要的幫助，也常常是抓狂的顧客、不滿的雇員，以及受傷的朋友所需要的援助。
- 傾聽三步驟：

  步驟一、展現熱切想了解對方的眼神

  步驟二、提出對方很想答覆的問題

  步驟三、絕對不打斷對方

第八章

談論對方感興趣的話題

讓聊天過程趣味盎然、滔滔不絕

每次談事情時，
總覺得直接切入正事很枯燥，
又不知道該先說些什麼
緩和氣氛……
一般人
有趣的對話應該從
「閒聊」開始，
先談論對方重視的話題，
事情自然就成了！
卡內基

贏得人心的祕訣：談論對方最重視的話題

每一位曾為老羅斯福總統座上賓的人都震懾於他的淵博學識，不管來訪的客人是牛仔、馴馬師、紐約政客或外交官，他總是知道什麼時候該說什麼話。他怎麼辦到的？答案很簡單。無論何時有來訪賓客，前一天晚上他總是會晚點就寢，準備一些訪客格外感興趣的聊天主題。

老羅斯福就和所有領導者一樣明白得很，**深入人心最有效的途徑，就是談論對方最重視的話題。**

和藹可親的耶魯大學文學院教授兼散文家威廉·林恩·菲爾普斯（William Lyon Phelps）很早就明白這項道理。

「我八歲時，曾在一個週末拜訪姑姑麗比·林斯利，她住在康乃狄克州胡薩托尼克河岸的史特拉福市，」他在散文《人類本性》（*Human Nature*，暫譯，無繁體中文版）中寫道，「有一天傍晚，一名中年男子來訪，與姑姑禮貌寒暄兩句後就把注意力轉到我身上。當時，我對船隻十分癡迷，這位訪客和我聊起這方面知識時格外讓我覺得有趣。他離開後，我每次提到他都語帶崇拜。真是厲害的傢伙！姑姑告訴我，對方是紐約來的律師，其實不太懂船，老實說是對船根本一竅不通。『那他幹麼一直和我討論這個話題呢？』」

「『因為他是一位紳士啊。他看你對船很感興趣，所以只要告訴你他懂的部分，馬上就能讓你感興趣，而且也能讓你開心。他讓自己成為受歡迎的人物。』」

威廉・林恩・菲爾普斯補充：「我畢生難忘姑姑對我說的這番話。」

深入談論客戶的業餘嗜好，勝過四年撒錢等訂單！

——震撼紐約烘焙坊老闆的親身經歷

這一招在商場上是不是同樣有彌足珍貴的價值呢？真的這麼管用嗎？往下看亨利・G・杜維諾（Henry G. Duvernoy）的例子就知道。他是紐約烘焙坊杜維諾父子（Duvernoy and Sons）的老闆。

杜維諾曾經試圖販售麵包給一家紐約的大飯店，四年來他每個星期都去拜訪飯店經理，並出席這位經理舉辦的社交聚會，甚至還常年包下這家飯店的一間客房，以利爭取訂單。但總是功敗垂成。

「後來，」杜維諾說，「我埋首研究人際關係，於是決定改變策略，想要找出這個傢伙對什麼事最感興趣，也就是他最熱中做什麼。

「我發現，他加入一個飯店高階主管社團，名為美國飯店公會（Hotel Greeters of America）。而且他還不只是成員而已，他對這一行充滿熱情，因此被推舉為公會主席，甚至也是跨國飯店公會主席。無論大會在哪裡召開，他都使命必達。

「於是，當我隔天再去拜訪他時，便開始談論飯店公會。這一招的成效有夠驚人。真的把我嚇到了！他滔滔不絕地對著我聊了一個半小時，期間語調高昂、熱情十足。我完全可以看得出來，對他而言，這個社團不只是業餘嗜好，根本就是人生希望之寄託。在我離開他的辦公室之前，他成功地『賣出』一個飯店公會會員名額給我。

「在這段期間，我完全不提麵包的事。但幾天後我就接到飯店主管人員的電話，請我帶著樣品與價格前往飯店會談。

「『我是不知道你對這位老頑固做了什麼，』飯店主管對我打招呼時說，『但是他肯定是被你說服了。』

「想想看！我在那個傢伙身邊敲了四年邊鼓，努力試著要和他做成生意。要是我最後沒有費心去找出他關心的事務、喜歡談論的主題，搞不好我到現在還在敲邊鼓。」

談論對方重視的話題，無形中就傳遞出重視他人的訊息，讓你更輕易完成原先欲達到的目的。

談判要聚焦於對方的需要，而非自己的目標

——赤手空拳的小夥子成為富豪合夥人的故事

馬里蘭州哈格鎮的愛德華・E・哈利曼（Edward E. Harriman）從軍隊退伍後，就選擇住在馬里蘭州美麗的坎伯蘭山谷（Cumberland Valley），不幸的是，當時那個地區的工作機會很少。一項調查顯示，當地許多公司如果不是由特立獨行的商業大亨R・J・方豪瑟（R. J. Funkhouser）持有，就是掌握在他手中。他是從社會底層、一步步白手起家到達今日的地位，這一點讓哈利曼十分感興趣。不過，對求職者而言，方豪瑟是出了名的難接近。哈利曼這麼寫：

「我和許多人談過後發現，他最大的興趣就是支配他的金錢和權利。由於他聘用一名不苟言笑、忠心耿耿的祕書為他擋下所有像我一樣想要見他一面的人，於是我乾脆想辦法研究這名祕書感興趣的事務與目標，然後我就去拜訪她。

「她已經像是沿著軌道運行的衛星一般為方豪瑟工作十五年，當我告訴她，我手上

有一份提案要呈交方豪瑟，可能會讓他在財務與政治皆有斬獲，她開始變得熱心起來；我也大力讚揚她對方豪瑟的成就居功厥偉。這次會談後，她真的就安排我會見方豪瑟。

「我走進方豪瑟巨大又令人印象深刻的辦公室，決定不要直接向他討一份工作。他端坐在一張巨大的雕花辦公桌後方，大聲問我：『小夥子，你想要做什麼？』我說：『方豪瑟先生，我相信我可以為你掙錢。』

「他聞言立刻站起來，邀請我在一張鋪好椅墊的椅子坐下來。我開始列舉心中想法，以及我個人足以實現這些想法的特質，另外也大談這些想法如何大力貢獻他的個人成功與事業。

「方豪瑟當下就聘僱我，而且我一待就超過二十年，並在這家企業成長茁壯。後來我都稱他為R．J．，我們還一起飛黃騰達。」

談論對方感興趣的話題，雙方都能獲益。員工溝通領域專家霍華德．Z．赫齊格（Howard Z. Herzig）總是依循這一條準則。當有人問赫齊格，這麼做能得到什麼好處時，他說，他不只是從每個人身上都獲得不同收穫，而且還說，這些收穫大大地豐富了他的人生。

建立有效溝通準則八：談論對方感興趣的事物。

卡內基魅力學 08

投其所好，談論對方感興趣的事！

- 深入人心最有效的途徑，就是談論對方最重視的話題。
- 每個人對自己感興趣的事都充滿熱情，只要讓對方有足夠的時間聊自己的嗜好，他就會把你當成知己，快速拉近彼此的距離。

第九章

滿足他人的自重感
讓你快速打動人心！

我明明已經滿足了員工的薪水、
獎金、休假需求，
為什麼還是留不住人心呢……
一般人
物質的感動是一時的，
心靈的飢渴——
也就是對「自重感」的渴求，
才是最要緊的。
卡內基

隨時隨地滿足飢渴的自重感

人類世界存在一項舉足輕重的法則，如果我們遵循，將可廣結天下好友、享受無盡幸福；一旦我們打破法則，就會衰事連連。這條法則就是：**永遠讓別人自我感覺重要**。正如美國哲學家約翰．杜威（John Dewey）曾說，自我感覺重要是人類本性最深層的渴望。

威廉．詹姆斯（William James）也說：「人類本性中最深層的渴望，就是受別人欣賞。」就像我一再強調，這就是區分人類與動物之間最大的特徵，也正是這種對自重感的追求，人類文化才得以進步。

幾千年來，哲學家都在臆想這個人際關係準則，但種種推測最終也只推敲出一堂重要的教訓。它不新穎，反而像歷史一樣古老。一千九百年前，耶穌曾站在猶地亞（Judea）的石丘上對大眾講授這套道理，那就是：**你希望別人如何待你，就應該先如此對待他人**。二千五百年前，古波斯人所羅亞斯德（Zoroaster）曾以此傳授追隨者；老子、佛祖、印度教也都曾教導信徒這種思想。

你希望跟你相識的人能贊同你；你會想在自己生活的小小世界中獲得自重感；你不想聽廉價、敷衍的溢美之詞，渴望得到誠摯的讚美；你希望親朋好友都像查理斯．施瓦布所說：「由衷嘉獎他人，從不吝惜讚美。」我們每個人都想得到這樣的待遇。

若此，請遵循這道黃金法則：你希望別人如何待你，就應該先如此對待他人。

怎麼做？何時？何地？答案是：無論何時、無論何地。

掌握自重感，就能享受輕鬆愜意的人際關係！

威斯康辛州優克雷爾市（Eau Claire）居民大衛・G・史密斯（David G. Smith）曾在培訓班上說起一則故事。有一次，他在一場慈善音樂會上負責打理自助餐。

「那晚我抵達主辦慈善音樂會的公園時，發現兩名氣呼呼的老太太站在餐檯邊。顯然，她們都認為自己應該是這場慈善音樂會的負責人。我站在一旁思考如何處理時，一名募款委員會成員走過來，一邊把募款箱遞給我，一邊向我道謝接手這項專案。她向我介紹助理蘿絲與珍，然後就離開了。

「頓時周遭一片靜默，隔一會兒我才明白，募款箱或多或少帶有權力象徵，於是我將箱子遞給蘿絲並直白解釋，我可能不善於保管錢財，如果她願意幫我代管，我會覺得好過一些。

然後我轉頭建議珍，請她幫我指揮兩名協助自助餐流程的小夥子操作飲料機，並把這項任務交給她。

「後來那晚非常好過，蘿絲開心地數著募捐來的錢、珍盡責地督促兩名小夥子，而我則是輕鬆自在地享受整場音樂會。」

你不需要等到哪一天當上駐法國大使，或是當上海味野餐大會的主席，才能運用這一條法則，現在就可以天天派上用場。

舉例來說，假使你點了炸雞，服務生卻送上馬鈴薯泥，這時就可以這麼說：「不好意思，麻煩妳一下，我想要炸雞。」她可能會回答：「別這麼說，一點也不麻煩。」然後心甘情願地換掉馬鈴薯泥，因為你展現應有的尊重。

許多「不好意思，麻煩一下」、「可以請你好心幫我……」、「你不介意嗎？」、「你是否願意……」、「謝謝你幫我……」這類日常用句都是小小禮貌，卻像是小齒輪的潤滑油，可以讓沉悶的生活更順心；而且，它們還會順帶幫你在別人心中留下良好教養的印象。

自重感可以扭轉命運、改變人生

許多人的人生只要受到某個人的重視，很有可能因此改變。羅納．J．羅蘭（Ronald J. Rowland）是我們加州培訓班的講師，也是一位教授藝術和手工藝品的老師。有一次他寫信告訴我們學生克里斯（Chris）在初階手工藝品班上課的故事：

克里斯是一名非常安靜、害羞而且缺乏自信的男孩，就是那種經常得不到應得關注的典型學生。除了指導普通班外，我也指導進階班，對學生而言，若能升級到進階班，那就代表獲得某種地位或特權的象徵。

某個星期三，克里斯埋首桌前專心致志地工作。我真的能感受到那一股隱藏在他體內的熱情。我問他是否想要轉到進階班學習。此刻我多麼希望這枝筆可以形容克里斯臉上綻放的表情，他努力不讓眼眶中的淚水掉下來。

「羅蘭先生，你是說誰，我嗎？我做得夠好嗎？」

擁有好人緣的智慧 10

輕易批評，會踐踏他人的自重感；真誠讚美，才能滿足他人的自重感、豐富人類最深沉的欲望。

「當然你做得很好呀，克里斯。」

當下我得趕快先閃了，因為我的眼淚已經溢滿眼眶。那天，當克里斯走出教室，看起來似乎比走進教室時高出兩吋。他那一雙藍眼熠熠發光地看著我，帶著高昂的語調對著我說：「謝謝你，羅蘭先生。」

克里斯給我上了一堂刻骨銘心的課：我們內心最深處渴望著受人重視。我為讓自己永遠不會忘記這一條原則，於是在紙上寫下這句話：「你真的很重要。」然後掛在教室講台上，用以隨時提醒自己，坐在面前的每一名學生都一樣重要。

放下你的驕傲，成全他人的自重感

有一條永恆不變的真理：幾乎你遇到的每個人都會認為自己在某些地方比你強，所以，打動對方的必勝之道就是，以一種微妙的手法讓他們明白，你清楚而且真誠地認同他們的重要性。

請謹記愛默生的話：「**我遇到的每一個人，都有比我優秀的地方，我要向他們學習**

這些優點。」

不幸的是，我們常常看到，許多人稍微得到一點成就後，就開始自我膨脹起來，對外開始展現一種令人作嘔、惺惺作態的自負模樣。正如莎士比亞所說：「人類，自大的人類，穿著一件薄如蟬翼的權威外衣，在蒼天之下自導自演、嘩眾取寵，連天使看了都悲嘆掉淚。」

再來我要告訴你，培訓班裡的商業人士如何運用這些準則獲得超凡成績。

克勞德．馬萊（Claude Marais）是法國一家餐廳老闆，運用這一招留住一名即將離職的關鍵員工。這位女士已為他工作五年，是老闆與麾下二十一名員工最重要的聯繫。當他收到她的辭職信，建議他另尋高明時，驚訝得無以復加。

馬萊回憶：「我整個驚呆了，甚至不僅如此，還感到失望，因為我自己的理解是，我對她算是很公平啊，而且也滿足了她的需求。正是因為她既是朋友也是員工，所以我可能對她的態度太過理所當然，甚至對她的要求也遠高於其他員工。

「我無法接受一封毫無解釋的辭職信。我把她帶到一旁說：『波蕾特，妳必須明白，我無法接受妳的辭職。妳對我和這家餐廳的意義太重大了，而且這間餐廳能達成今日的成就，妳的功勞和我一樣大。』我在全體員工面前重複說了一次，然後我邀請她到家中作客，在家人面前一再重申我對她信心十足。」

「波蕾特後來收回辭職信，至今我比以前任何時候都更加信賴她。我三不五時就表達自己的讚賞之意，感謝她付出的一切，也讓她知道，她對我與這家餐廳究竟有多麼重要。」

多和別人談論他自己

——迅速滿足他人自重感的實用祕笈

讓我們再接著看另一項例子：柯達（Kodak）曾經叱吒底片市場，創辦人喬治・伊斯曼（George Eastman）發明透明底片，推動電影動畫夢想實現，因此大發利市，不僅賺進幾十億美元，也成為全世界最知名的商人之一。不過，**儘管事業已經如日中天，柯達底片創辦人的內心仍像你、我一樣渴望小小的認同。**

舉個實例說明：當年伊斯曼在美國紐約州羅徹斯特市打造伊士曼音樂學院（Eastman School of Music）、基爾本恩音樂廳（Kilbourn Hall）時，紐約當地的頂級座椅公司（Superior Seating Company）董事長詹姆士・亞當森（James Adamson）很想要拿下這筆訂單，把自家產品安裝在這幾棟建築裡。亞當森打電話給建築師，透過他安排與伊斯曼在羅徹斯特市會面。

亞當森才剛抵達伊斯曼的辦公室，建築師就說：「我知道你很想要得到這筆訂單，但現在我想先告知你，如果你占用喬治．伊斯曼超過五分鐘，就會被他晾到一旁去。他是個時間觀念很強的大忙人，所以請速戰速決，不要拖泥帶水。」

亞當森早就料到會有這一招。

當他被帶進伊斯曼的辦公室，只看到伊斯曼正埋首案前的一堆文件中。沒多久，伊斯曼抬起頭來，取下眼鏡，然後走到建築師與亞當森面前，開口問：「兩位早。我能幫上什麼忙嗎？」

建築師先為兩位介紹，然後亞當森說：「伊斯曼先生，剛剛我們在等你時，我真的很欣賞你的辦公室，從來沒看過比這間更氣派的辦公室。我本人絕對樂意在這樣的辦公室裡工作。」

伊斯曼回答：「這間辦公室真的很氣派，對吧？當它剛完工時，我也真的是愛不釋手。不過現在我每次都是帶著千頭萬緒的公事進來，有時候甚至好幾個星期都無暇好好看上一眼。」

亞當森向前走到辦公桌旁，舉手輕輕滑過桌面：「這是英國橡木做的桌面，是嗎？它和義大利橡木的紋理有些不同呢。」

「沒錯，」伊斯曼回答，「這可是英國進口的橡木。是我一位專門從事精細木飾的朋友幫我挑的貨色。」

接下來，伊斯曼好好地為他把辦公室介紹一番，評論大小比例、用色、手工雕飾品，與其他自己曾協助規畫、執行的視覺效果。伊斯曼還輕柔緩和地指出，他現在正努力募集資金，修建幾所慈善機構：羅徹斯特大學、大眾醫院（General Hospital）、天然順勢療法醫院（Homeopathic Hospital）、兒童醫院。亞當森溫情地大聲讚揚伊斯曼為慈善事業付出的努力。

亞當森接著問起，他早年如何一步一腳印地闖出一番事業，伊斯曼真情流露地談起貧困的童年，娓娓道來守寡的母親如何操持一大家子，而他也不得不在保險公司找份差事貼補家計。亞當森完全沒有想要再丟出更多問題轟炸他，只是靜靜傾聽、吸收他述說自己如何燥化底片的過程；他也談到自己一整天都在辦公室裡工作，有時候會徹夜實驗，有一次他還一口氣連續做實驗長達七十二個小時。

詹姆士・亞當森進門前被耳提面命只能講五分鐘而已。但是，先是第一個小時過去了，接著第二個小時也過去了，他們倆還聊個沒完。

先前他興建的幾棟建築物座椅訂單總價是九萬美元，你猜，誰拿到訂單？詹姆士・亞當森還是同行？

自從那一天起，直到伊斯曼去世為止，他和亞當森都是終生至交。

「多和別人談論他自己，」英國史上最精明的首相之一班傑明．迪斯雷利說，「多和別人談論他自己，這樣他就會願意聽你說上好幾個小時。」

建立有效溝通準則九：真誠地讓對方自我感覺重要。

卡內基魅力學 09

找到他人自重感的根源，滿足它！

- 無論何時、無論何地，永遠讓別人自我感覺重要。
- 你希望別人如何待你，就應該先如此對待他人。
- 多和別人談論他自己，這樣對方就會願意聽你說上好幾個小時。
- 人都渴望被看重，這是一種迫切的「心理飢餓」。因此，一段關係中，時時賦予對方受尊重的感覺、填補這種「心理需求」，將非常有助於關係維持。

第三部

不露痕跡說服他人的十二個祕訣

在日常生活中，我們時常需要贏得他人的合作，但是要求對方放棄原有立場，轉而支持我們自己，是相當困難的。在第三部分，卡內基將教導讀者十二個輕鬆說服對方的祕訣，幫助讀者把奧客、慣老闆變貴人，化阻力為助力，轉惡意為善意，學會不露痕跡地用溝通技巧操控人心，展開豐富且充實的人生。

不露痕跡說服他人的十二個祕訣

技巧1 唯一從爭辯獲得好處的方法，就是避免爭辯。

技巧2 尊重別人的意見，絕對不要說「你錯了」。

技巧3 如果做錯了，盡快認錯、勇於承擔。

技巧4 與人為善。

技巧5 讓對方不斷說「是、是、是」。

技巧6 讓別人高談闊論吧！

技巧7 讓對方認為點子是他自己想出來的。

技巧8 試著真誠地站在他人的立場綜觀大局。

技巧9 同理他人的想法與渴望。

技巧10 訴求高尚動機。

技巧11 戲劇化地表現你的想法。

技巧12 提出挑戰。

第十章

避免爭執
不是說話大聲就贏

與別人意見不同時，
我總是急於表達自己的立場，
因此常常導致爭執……
一般人
永遠避免跟別人正面衝突，
雙方意見不同時，
請先附和對方、專心聆聽，
然後尋求共識。
卡內基

一旦發生爭辯，每個人都是輸家

第一次世界大戰剛結束時，有一天晚上我受邀到倫敦參加一場歡迎羅斯．史密斯爵士（Sir Ross Smith）的餐宴，羅斯爵士是一戰期間澳洲派駐巴勒斯坦的王牌飛行員。那晚席間，坐我隔壁的男士說了一段幽默有趣的故事，其中還附帶一句引言：「無論我們如何努力不懈，成敗總由上天安排。」

說故事的男士指出，這句引言出自《聖經》，但我知道他說錯了，而且我胸有成竹，肯定是我對他錯。於是，我為了滿足自重感，想彰顯我的優越，毫不客氣地當眾糾正他的錯誤。他堅持自己的說法。「你說什麼？語出莎士比亞？不可能！胡說八道！這句話千真萬確出自《聖經》。」他也堅持己見。

這位說故事的男賓坐在我的右側，老友法蘭克．賈孟德（Frank Gammond）則坐在左側。賈孟德畢生研究莎士比亞，所以說故事的男賓和我都同意請他仲裁。賈孟德聽完以後，先是在檯面下踢了我一腳，然後說：「戴爾，你記錯了。這位先生才對。這句話真的是出自《聖經》。」

當晚在回程途中，我對賈孟德說：「法蘭克，你明明知道那句話是出自莎士比亞。」

「對啊，沒錯，」賈孟德說，「是《哈姆雷特》，第五幕、第二場。但老兄，我們是盛大餐宴的座上賓，有必要辯贏，讓對方難堪嗎？幹麼不幫他保留一點面子？況且他根本就沒有想要徵詢你的意見。幹麼要和他爭得面紅耳赤？**永遠應該避免正面衝突**。」

他給我上了一堂永生難忘的課。我不只讓說故事的男賓下不了台，更把朋友拖下一蹚渾水。要是我沒有這麼好辯，場面會好看很多。

爭辯只會讓雙方更堅信對方是錯的

這場教訓來得正是時候，因為過去我一向是死性不改的嘴硬派。小時候，我和兄弟連雞毛蒜皮的小事都能吵；進了大學以後，我開始研究邏輯和辯論，而且還經常參加辯論比賽。

我來自密蘇里州，後來在紐約教授辯論與談判，甚至還厚顏無恥地計畫寫一本辯論方面的書籍。正是從那時候開始，我傾聽、觀察了成千上萬場辯論，也看到辯論最後產生的效果，最終我得出一項結論，那就是，**天底下只有一種方法可以爭到贏，那就是避免爭執——就像閃避毒蛇和地震一樣。**

十之八九，一場爭執會讓雙方都更加堅持己見，相信自己才是對的一方。你贏不了爭執。因為，如果你吵輸了，你就是輸了；但就算你吵贏了，你還是輸了。為什麼？這樣說好了，假設你吵贏對方，把對方攻擊得體無完膚，證明他頭腦不清楚。那又如何？你當然是很痛快，但對方感受如何？你讓他自我感覺低下、傷害他的自尊。他會憎恨你的勝利。況且……

堅信自己意志的人即使口頭上認輸了，他的內心還是不會改變看法。

發生爭辯時，請先附和對方，再闡述意見

——從業績掛零變身超級業務的勵志故事

多年前，派崔克．J．歐海爾（Patrick J. O'Haire）參加我的培訓班，他沒念過幾年書，卻十分好辯！他幹過司機，來找我是因為，他就算很努力嘗試賣卡車，卻仍不得其門而入。我提出幾個問題後就發現真相了，他在賣車時往往會因為不願意接受買家批評，而和客戶發生口角。

如果有一名潛在客戶隨口說了幾句貶損卡車的評論，派崔克就會吹鬍子瞪眼，當著

對方的面大小聲。他做業務期間的確吵贏好多次，正如他後來自己所說：「我經常邊走出辦公室邊說：『我好好教訓了那個鳥人。』我當然是修理對方一頓了，但我一輛車也沒賣出去。」

我的第一道難題不是教派崔克說話術，而是訓練他別再出言不遜，避免和他人起衝突。

現在，歐海爾已成為紐約懷特汽車公司（White Motor Company）的明星業務員。他是如何辦到的？

以下是他親口所述：「此時此刻，如果我走進一位買家的辦公室，聽見他對我說：『你說什麼？懷特家的卡車？爛透了好不好！就算你免費送我都不要。我想買別家的卡車。』我就會說：『那一家的車的確是好車。如果你真的買那一家的車，絕對不會出錯。那一家的車製造品質精良，銷售團隊也很優秀。』

「對方一整個啞口無言，找不到什麼話好說。如果對方說某一家的車多好，而且我也附議了，他肯定就會閉上嘴，畢竟我都已經同意了，他總不能一整個下午都在喃喃自

擁有好人緣的智慧11

永遠應該避免正面衝突，即使對方錯了，也請先贊同他，再表達自己的想法！

語：『那一家的車最好。』

「然後我們就會跳過這個話題，開始解說懷特卡車的優點。

「如果是以前，我一聽到這種惡評馬上就會火冒三丈，開始和對方針鋒相對，一一指出那一家的車子有多爛。我罵得越凶，潛在客戶卻越覺得那一家的車子好；而且他越是為那一家的車子辯護，他就越堅決想要買那一家的車子。

「現在我回想起來才覺得懊惱，原本我可以做到什麼都能賣。我浪費了好幾年人生到處結下樑子。我現在才知道要閉嘴聽話。但這麼做確實值回票價。」

正如智者富蘭克林所說：

要是你辯論、發怒、反駁，或許會得到一時勝利；可是那場勝利既短暫又空虛，因為你永遠得不到對方的好感。

所以，不妨衡量一下，你想要什麼結果？學術地位、戲劇性的勝利，還是對方的好感？魚與熊掌往往不可兼得。

面對爭辯，別再講道理，善用讚美和鼓勵

如果你想要改變他人心意，請不要用爭執的方式達到目的，因為即使你是對的，最終也會變成是錯的。

費德列．S．帕森斯（Frederick S. Parsons）是所得稅務顧問，他曾與一名政府稅收稽查員爭執整整一小時，因為一筆九千美元的金額帳目不清。帕森斯聲明，這筆錢是一筆呆帳，永遠無法收回，所以不應該被課稅。「呆帳，我看到的可不是這樣！」這名稽查員反對：「應該要繳稅。」

「這名稽查員冷酷、傲慢又固執，」帕森斯對著全班學員說，「講道理根本是浪費時間……我們吵越久，他就越固執，於是我決定不再爭論了，換個話題，美言他幾句。

「於是我說：『我覺得，由於你處理過許多這一類事務，所以我們的問題肯定只是一件芝麻綠豆大的小事。雖然我自己研究稅務，但我的知識全來自書籍，你卻是親上火線，集實務之大全。我有時候真希望自己能做得來你的工作，這樣就能獲益良多。』句句皆是肺腑之言。

「結果呢，這名稽查員在座椅上坐起身來，挺直了腰，開始滔滔不絕地談起工作，告訴我許多他曾經糾舉的舞弊案件。他的語調漸漸和緩起來，沒多久又談起兒女。他離

去前還建議我，他會進一步考慮我的問題，隔幾天再回覆我。

「三天後他來電了，告知我決定讓那筆金額按照稅目辦理，不另行課稅了。」

這名稽查員不過是體現一種最常見的人性弱點：**他需要自我感覺重要**。只要帕森斯與他起爭執，他就能藉由大聲主張自己的權威獲得自重感；但只要有人承認他的自重感，爭執自然而然停止，他的尊嚴也得以彰顯，馬上就會變成和善而有同情心的人了。

消除爭執的八大步驟

——從歡迎異議，到真誠感謝

佛祖如此開釋：「恨無止境，唯愛止恨。」爭論永遠無法終結誤解，唯有深謀遠慮、溝通技巧、懷柔心胸，與同情體諒，才能站在對方的立場看待事情。

有一次，林肯斥責一名與同僚發生激烈口角的年輕軍官。「**成大事的人不能處處和別人計較，虛耗時間和他人爭論**，」林肯說，「**無謂的爭論不但有損自己的性情，還會失去自制力。所以在你能力所及範圍內，不妨謙讓他人。**」

紐澤西州菲爾費德市經濟出版社（The Economic Press）印行的《隨想隨筆》（*Bits and*

Pieces，暫譯，無繁體中文版）中，建議了讀者避免讓不同意見演變成爭執的方法：

❶ **歡迎異議**。請記得這句話：「如果兩個合夥人總是意見一致，那麼應該就不需要其中一個人了。」如果有個點你就是壓根沒想到，請心懷感激還有人願意提醒你。反對言論正是避免你犯下嚴重錯誤的好機會。此外，別相信自己的第一眼直覺印象。我們聽到相反意見時，第一個反應通常是自衛。請三思而行。請保持冷靜並留心自己的第一道反應，因為它可能會讓你表現出最糟糕，而非最出色的一面。

❷ **控制脾氣**。請記住，你可以根據對方為何發脾氣，評斷出他的度量和成就究竟有多大。

❸ **先聆聽，再說話**。請讓異議者有機會發言，並讓他們暢所欲言。請勿抗拒、防衛或爭辯，因為這樣只會高築溝通障礙。請試著打造互相理解的橋梁，別再加深誤解鴻溝。

❹ **尋求共識**。你聽完反對方的談話內容後，請先想想自己同意的部分。

❺ **坦誠相對**。請找出你可以誠實認錯之處，並明白說出口。為自己的錯誤道歉，有助解除反對方的敵意、降低防衛心。

❻**承諾認真考慮反對者意見**。請發自內心、說到做到。你的反對方可能說對了，若此，你應該點頭同意會認真考慮對方的意見，如果你固執己見，結果淪於被對方指著鼻子說「我們早就告訴你，但你就是不聽」的境地，那就糗大了。

❼**真誠地感謝反對者所付出的關心**。任何人肯花時間表達相反意見，他必然和你一樣關注這件事。請把他們視為有意幫助你的人，你也許就可以把他們轉變為你的朋友。

❽**暫緩採取行動**。讓雙方有時間把問題想清楚。建議的做法是，全盤考慮所有事情後，當天稍晚或第二天再碰頭開會。準備舉行開會之前，請捫心自問以下幾個無法迴避的問題：反對方是否說對了？或者只是講對一部分？他們的立場或理由是否有道理？我的反應是會減輕問題，還是減輕一些挫折感而已？我的反應會使反對者遠離我或親近我？我的反應會不會提高別人對我的評價？我會勝利還是失敗？如果我勝利了，將要付出什麼樣的代價？假如我不回應，異議會就此消失嗎？這個難題會不會其實是一次大好機會？

歌劇男高音楊．皮爾斯（Jan Peerce）與夫人結褵約莫五十年，有一次他說：「內人和我很久以前就定下協議，不論我們看對方有何不滿，都要一直遵守這項協議。那就是，當有一方在大吼大叫時，另一方一定要洗耳恭聽。因為，如果兩個人都大吼大叫，那就沒有溝通可言，有的只是噪音和刺耳震動。」

建立有效溝通準則十：
唯一從爭辯獲得好處的方法，就是避免爭辯。

卡內基魅力學 10

改掉你的「好辯」壞習慣！

- 如果希望他人同意你的看法，請記得，最重要的第一步就是「避免爭執」。
- 爭辯或許能得到一時勝利，但是這場勝利既短暫又空虛，因為你將永遠失去對方的好感。
- 有些人無法停止爭辯，只是因為他缺乏自重感。請認同對方的重要性、多多鼓勵和讚美，爭執自然就能停止，他也會變成和善且有同情心的人。
- 歡迎異議。「如果兩個合夥人總是意見一致，那麼應該就不需要其中一個人了。」請心懷感激有人願意提醒你，不同意見正是避免犯下嚴重錯誤的好機會。

第十一章

切忌說「你錯了」
避免製造敵人

我發現部屬／同事犯錯時，
都會告訴他「你錯了」，
但是很少人會承認，
而且氣氛通常會降到冰點……
一般人
糾正他人請這樣開頭：
「我可能錯了，
而且我還真的常犯錯。
現在讓我們來檢查一下，
究竟是怎麼一回事。」
卡內基

人際相處最忌諱直說「你錯了」

——糾正他人錯誤要婉轉

老羅斯福在任時曾經承認，如果他每天有七五％的時候說對話、做對決定，那就是達到期望值的最高標準了。

如果這是二十世紀最重要領袖期望達成的最高標準，你、我又該將標準設在何處？如果你很肯定，自己一天內有五五％的時候說對話、做對決定，那你就可以大步走進華爾街，一天賺進百萬美元了；如果你無法達成五五％的標準，你憑什麼指責別人做錯了呢？

千萬別一開口就說：「我要證明你錯了。」這種溝通技巧太糟糕了，根本就是在向對方示威：「我比你聰明得多。我現在要告訴你幾件事，好讓你回心轉意。」

這種說法形同挑戰，不僅引發對方反感，而且不用等你開口，他就想要和你比個高下了。

你可以擺臉色、調音量，或舉手勢讓別人知道自己做錯了，這些方法完全可以達到和語言相同的效果。但你如果選擇出口指責別人的錯誤，你認為他會同意嗎？別傻了。因為你迎頭痛擊他的智力、判斷、自信、自尊，結果只會讓對方想狠狠還擊，絕對不可能改變他們的心意。

有時候，即使你採用最溫和的措辭試圖改變他人心意，也是困難重重。**如果你真的想要證明什麼論點，請不要讓對方察覺。請試著巧妙迂迴、熟練敏捷地完成，別讓任何人看出你的意圖。**英國詩人亞歷山大．波普（Alexander Pope）一語中的：

你在教導別人時，要像是若無其事似的；
你在提出事件觀點時，要像是說過即忘似的。

三百多年前，義大利思想家伽利略也說：

你教不來任何人做任何事，只能從旁幫助他們自己發現。

希臘哲學家蘇格拉底一再對雅典信徒說：

我唯一知道的事就是我什麼都不知道。

其實，我不奢望自己比蘇格拉底更聰明，所以我也盡量避免指責他人做錯了。我發現這麼做確實有好處。

表達不同意見的一流說話之道：先承認自己可能犯錯

如果有人講了一句你認定說錯的話，即使你千真萬確知道他錯了，改用這樣的說法不是比較好嗎：「現在讓我們來討論一下。我覺得情況不是這樣，不過我可能想錯了。而且我還真的常想錯。現在讓我們來檢查一下，究竟是怎麼一回事。要是我真的錯了，會很樂意改正。」

你如果這麼說：「**我可能想錯了。而且我還真的常想錯。現在讓我們來檢查一下，究竟是怎麼一回事。**」肯定能看到神奇結果，而且是非常神奇的結果。

天底下，無論東、西方或是南、北極，絕對不會有人反對你這麼說。

我們班上有一名學員哈洛・倫克（Harold Reinke）就經常祭出這一招對付客戶。他是蒙大拿州比靈市道奇車（Dodge）經銷商，他說，因為汽車銷售壓力很大，他處理客訴時經常臭臉迎人、冷淡寡言。結果造成紛爭擴大、客戶不滿，而且生意銳減。

他對全班說：「我一發現這麼做對自己毫無好處後，就開始嘗試全新的銷售策略。我會對顧客說：『我們確實犯下許多錯誤，我汗顏不已。我們也有可能冒犯過您，請務必讓我們知道。』

「這一招在卸除顧客武裝方面確實效果良好。一旦顧客情緒緩和下來，我們解決問題時就很好講道理。事實上，還有些顧客稱許我誠懇的認錯態度，其中有兩位甚至還帶朋友來買車。在高度競爭的市場中，我們需要更多這類型的顧客。**我相信，尊重所有顧客的意見，同時用禮貌、親切的方式對待他們，就能幫助我在競爭中脫穎而出。**」

說服對方時，要懂得為人留面子

我們多數人都心懷成見，受到嫉妒、猜疑、恐懼，和傲慢等不良影響，只有極少數的人行事兼具邏輯理性；多數人則不願改變自己的宗教、髮型、左傾立場，甚至個人最愛的電影明星。

因此，如果你打算指著別人的鼻子說他犯錯，請你先讀完以下段落，出自美國現代史學大師詹姆士・哈維・羅賓遜（James Harvey Robinson）極具啟發意義的著作《成長中的心智》（*Mind in the Making*，暫譯，無繁體中文版）：

我們有時會發現自己在毫無抵抗和阻力的情況下改變了心意，但如果有人說我們錯了，我們反而會推卸責任，變得固執己見。我們其實極少留意自己心中的某個觀點，但如果有人想要改變那個觀點，我們就會突然強硬起來。並非我們強烈偏愛那個觀點，而是因為我們的自尊受到威脅……我們喜歡相信自己認定為「對」的事，一旦有人對我們相信的事物產生某種懷疑，就會戳到痛點，於是我們就會端出各種說法辯護。

有一次，我請室內裝潢師幫我在家中安裝一套窗簾。我收到帳單時一整個驚呆了。幾天後，一名朋友順道來訪看見窗簾，然後我們提到價格，她幸災樂禍地大叫：「什麼？太誇張了吧。我覺得你搞不好被坑了。」真的嗎？沒錯，她說的都是事實，但極少人聽得進去。於是我這個凡夫俗子就極力替自己辯護，硬要說是一分錢一分貨，誰也不會期望花費夜市價格，卻能買到百貨專櫃的高檔、高品味貨色，諸如此類的話。

隔天，另一名朋友來訪，她大力稱讚窗簾，還表示希望她也買得起這樣的窗簾。我的反應和前一天截然不同：「哎呀，老實說，」我說，「我其實根本也買不起，當了冤大頭。我實在很後悔買下這套產品。」

當我們犯錯時，可能會願意對自己承認；如果有人能夠有技巧地循循善誘，或許也會願意向他人承認，並為了自己的坦白與直率感到驕傲；但是，假使有人想要把難以下嚥的食物硬塞進我們的食道，那可是無論如何都吞不下去。

減少使用「當然」、「必定」等有絕對含意的字句

——富蘭克林從好辯之徒，變身人氣王的故事

如果你想得到一些與別人打交道、改善自己品格和修養的絕佳建議，不妨閱讀的班傑明．富蘭克林（Benjamin Franklin）的自傳。這是一本有史以來最引人入勝的人生故事，也是美國文學的經典名作。在書中，富蘭克林敘述自己如何改正他好與人辯的惡習，因而成為美國歷史上能幹、和藹又善於外交的偉大人物。

擁有好人緣的智慧 12

出口指責別人的錯誤，就是迎頭痛擊他的自尊，只會讓對方想狠狠還擊，絕對不可能改變他們的心意。

當富蘭克林還是一名經常犯錯的小夥子時，有一天，一名老教友把他拉到一旁，狠狠地教訓他一頓。他大概是這麼說的：

「班，你實在是很不應該。你總愛當眾打臉和你意見不合的人，而且你的評論攻擊性太強，大家都不愛聽。你確實懂很多，但太自以為是，聽不進去別人的話。事實上，已經沒有人想再和你交朋友了，因為總是會搞得不歡而散。所以，你除了當前所懂的有限知識之外，再也不會有什麼進步了。」

富蘭克林之所以能成功，得歸功那位老教友睿智的犀利教訓。他的年紀夠大、智慧夠深，得以明辨是非，知道若不痛改前非，只會邁向失敗一途。於是富蘭克林決定徹底洗心革面，立刻改變自己那種目空一切的做法。

「我定下一項規則，」富蘭克林說，「盡可能不和別人有所出入，不固執己見，不武斷否定別人。**我甚至不准自己使用『當然』、『毫無疑問』這種絕對含意的字句，改用『我推論』、『我猜測』、『我想像』，或是『目前整件事就我看來』這樣委婉的話語**。當別人斷定我的想法錯誤，我會拋開立刻反駁對方的意念，改而婉轉回答：『我有觀察到，在某些情形下，你說的情形沒錯，但是現在可能有點不同。』諸如此類的說法。我很快就發現，我參與的任何談話都更融洽、更愉快；我謙虛地提出自己的見解，他們很快便接受，很少有人出言反對。」

我在這一章討論的議題其實早已不是什麼新鮮事，早在兩千年前，耶穌就說：「盡快同意反對你的人。」再比耶蘇早個二千二百年的埃及國王阿托伊（King Akhtoi of Egypt），也曾諄諄告誡子嗣：「圓滑一點，它能幫助你予取予求。」這句精明建議真是今日的我們亟需的建言。

同樣的，美國南北戰爭期間的南軍總司令羅伯．李將軍，有一次在南方聯盟總統傑佛遜．大衛斯（Jefferson Davis）面前，以讚不絕口的語氣談到他麾下一名軍官。在場的另一名軍官驚呆了，並說：「將軍，你難道不知道嗎？你剛才大力讚揚的軍官可是你的死對頭呢。他每次一逮到機會就惡毒地攻擊你。」「這我知道，」李將軍回答：「不過，總統是在問我對他的看法，並不是在問他對我的看法。」

換句話說，請勿與客戶、伴侶，或對手爭得面紅耳赤；請勿直指對方犯錯；請勿惹怒對方；請善用一點外交手腕。

建立有效溝通準則十一：

尊重別人的意見，絕對不要說「你錯了」。

卡內基魅力學 11

承認自己可能有錯，就能有效降低他人防衛心！

- 直接指出別人的錯誤，就像一記朝對方揮出的正拳，只帶來反擊，不會改變他的想法。
- 即使你確定是對方犯錯，也應該圓滑地表達不同意見。
- 先承認自己可能犯錯，就能中止不必要的爭論，潛移默化地使對方變得開明、心胸寬大，還能讓對方願意承認，或許自己也做錯了。
- 避免使用「當然」、「必定」這種絕對含意的字句，改用「我推論」、「我猜測」，或是「目前整件事就我看來」這樣委婉的話語。

第十二章

勇於認錯

獲得他人真心認同的唯一辦法

別人指責我犯錯時，
我總是羞得無地自容，
不知道該怎麼
熄滅對方的怒火……
一般人
請比對方早一步開口，
把錯都先擔下來，
你將有九九％的機會，
可以成功獲得他的體諒和理解。
卡內基

主動承認錯誤，幾乎百分之百可以獲得對方的諒解

距離我家一分鐘腳程之處，有一大片原始林地。我經常帶著友善、溫馴的小狗雷克斯（Rex）在公園裡散步。因為公園裡人煙罕至，我也就省了狗鍊或口套。有一天，我們在公園裡撞見騎在馬背上，一臉耀武揚威的警察。

「你不給那隻狗繫上狗鍊，任牠在公園裡亂跑是什麼意思？」他斥責我，「難道你不知道這樣犯法嗎？」

「抱歉，我知道，」我輕聲回答，「我只是覺得牠在這裡應該不會傷害任何人。」

「你覺得！你竟然敢說你覺得！法律才不管你覺得。牠會咬死松鼠或咬傷兒童。這次我放過你，下次再看到那隻狗不繫狗鍊、不戴口套，你就等著去對法官說了。」

我只得乖乖點頭同意照辦。

我也的確乖乖照辦，不過只有幾天而已，因為雷克斯就是不喜歡戴口套，所以我們決定要冒險賭一下。起初都安然無事，沒多久就遇到麻煩了。有一天下午，雷克斯和我慢跑到一座小山丘，我突然看到那位神聖的法律代表——騎在馬背上的警察。雷克斯還猛地往前衝，直直地向那位警察飛奔而去。

我決定不等警察開口就先承認。我說：「警官，我被你逮個正著。我認罪，沒有藉

口。上星期你已經警告過我，沒給牠繫上狗鍊和口套就會開罰。」

「欸，其實啊，」這位警官好言相向，「我知道，像現在四下無人的時候，帶著小狗到這裡跑一跑，感覺還滿誘人的。」

「的確是啊，」我回應，「但終究是犯法。」

「哎呀，一隻這麼袖珍的小狗是傷不了人的啦！」那位警察竟然反過來為我辯護。

「可是牠或許會咬死松鼠。」我說。

「說真的，我覺得你把事情看得太嚴重了，」他告訴我，「我告訴你怎麼處理好了。你呢，只要讓牠跑過山丘，我就看不到了。然後我們就一起忘得一乾二淨吧。」

這位警察和你、我一樣是凡人，都需要受人尊重的感覺，所以，當我開始譴責自己時，他唯一能強化自尊的做法就是採取寬宏大量的器度，以顯示他的仁慈。也就是說，我搶先一步站在他的立場上說話，使得他願意為我著想，整件事就能圓滿結束了。

假使我們知道，自己無論如何就是眾矢之的，那麼，趕在別人指責我們之前，把罪責攬在自己身上不是比較好嗎？自己痛罵自己，不是比聽別人口出惡言更容易嗎？

比對方早一步開口，把所有他想歸在你頭上的錯都先擔起來，這樣大概有九九％的機會你可以成功獲得他的體諒、理解，讓他瞬間就把你的錯視為芝麻綠豆大的小事。就像那位騎警一樣對待我和雷克斯的態度一樣。

瞬間澆熄怒火的「自我批評法」

費迪南・E・華倫（Ferdinand E. Warren）是商業廣告畫家，曾採用這套技巧贏得一位脾氣暴躁、挑三揀四買主的好感。

華倫親口述說：「當我們在為廣告業、出版業繪製版面時，簡明、極度精確格外重要。

「有些美術編輯會要求畫家立刻替他們完成交辦的工作，在這種情況下，難免出現些微錯誤。我認識一名特別喜歡雞蛋裡挑骨頭的美術總監，每次和他合作，常常都會滿肚子不爽地離開他的辦公室，不是因為他的批評和挑剔，而是因為他做法不當。

最近我交了一份匆忙完稿的作品給他，馬上就接到電話，要我去他的辦公室。我一進辦公室，他的臉拉得老長，似乎打算狠狠地臭罵我一頓。這時我知道，現學現賣**自我批評法**的好機會來了。所以我就說：『總監先生，我犯了大錯，毫無理由推卸責任。而且我已經為你畫了這麼多年，更應該知道怎麼畫比較好。我真的感到非常慚愧！』

「結果他立刻接話力挺我：『你這話是說得沒錯啦，但這也不算是太嚴重的錯誤。』

「我馬上打斷他的話，接下去說：『任何一丁點錯誤，』我說，『都可能付出慘痛代價，而且看到就會抓狂，所以我決定要重畫一張。』

「『不用！不用！』他忙不迭地說，『我根本不想給你帶來更多的麻煩，』他開始稱讚我的工作表現，保證他只是想要我微幅修改，而且我並沒有導致他的公司蒙受損失；畢竟，這真的只是一個小錯。

「我急切地自我批評，反而澆熄他的怒火，最後他甚至還邀我共進午餐。在我們即將各自打道回府之際，他給了我一張支票和另一件承包案。」

任何有勇氣承認自己犯錯的人，都會獲得某種程度的滿足感。這不僅可以掃除強烈的罪惡感與防衛心，也可幫助解決因錯誤而導致的種種問題。

避免犯錯是種能力，承認錯誤卻是智慧！

任何蠢蛋都會千方百計文過飾非，多數蠢蛋都會這麼做，但**坦白承認錯誤能讓別人對你的高貴情操肅然起敬，進而讓你從泛泛之輩中脫穎而出。**舉例來說，羅伯·李將軍生平最漂亮的功績，就是一肩扛起喬治·E·皮凱特將軍（George E. Pickett）輸掉蓋茨堡戰役的責任。

蓋茨堡戰役中皮凱特率領的衝鋒戰，無疑是西方世界最輝煌也最獨特的攻勢。當時，皮凱特率領軍隊踏著輕快腳步迅速前進，南軍意氣風發、軍容威武，即使敵軍的猛烈炮火在他們的戰線上轟破一個大洞，都無法阻止他們步步逼近。

然而，埋伏在公墓山脊（Cemetery Ridge）隱蔽處的北方聯軍突然一擁而出，掃射來不及將武器上膛的南軍。短短幾分鐘，皮凱特率領的五千名士兵幾乎八成倒地不起。

皮凱特的同僚阿米斯德將軍（Lewis A. Armistead）率領剩下的殘兵敗將進入最後決戰，他躍過拱形石牆，帶領全體士兵一鼓作氣往前衝，和敵人短兵相接。一陣肉搏戰後，終於把南軍的戰旗插在公墓山脊上。

戰旗飛揚，雖然只有短暫一瞬間，卻是南方盟軍戰功的最高紀錄。皮凱特的衝鋒戰儘管輝煌、英勇，卻是代表戰爭即將告終的開端。

李將軍功虧一簣，他心知肚明，自己再也無法深入北方了。李隨後便向南方聯盟總統傑佛遜提出辭呈，要求另外任命「一位年輕力壯的人才」。

如果李有意將皮凱特的慘敗歸罪別人，隨隨便便就可以找到一大堆理由，像是帶兵將領未能善盡職守、騎兵後援未能及時趕到；這一點做得不夠、那一點判斷錯誤等。

可是品格高尚的李並未推諉塞責，當皮凱特帶領浴血戰敗的殘餘部隊返回時，李將軍還前去迎接，然後以令人敬畏的自責之情說：「這一切都是我的錯。這一場戰役失敗，我應該負起所有責任。」

綜觀人類歷史，鮮少有將軍具備如此勇氣與品德，願意坦承自己的錯誤。

當我們理直時，請不要氣壯，反而應該巧妙、婉轉地贏得他人的贊同；但如果我們對自己夠誠實的話，常會驚訝地發現自己其實多半理虧，那就盡快認錯、勇於承擔。不管你信不信，當我們這麼做，不僅僅會產生驚人效果，而且還會比死鴨子嘴硬有趣得多。

建立有效溝通準則十二：如果做錯了，盡快認錯、勇於承擔。

卡內基魅力學 12

主動承認錯誤，才是真正的自信！

- 比對方早一步開口，把所有他想歸在你頭上的錯都先擔起來，這樣大概有九九％的機會你可以成功獲得他的體諒、理解。
- 當你開始譴責自己時，對方唯一能強化自重感的做法，就是開始為你著想，以顯示他的寬宏大量。
- 坦白承認錯誤能讓別人對你的高貴情操肅然起敬，進而讓你從泛泛之輩中脫穎而出。
- 當我們理直時，請不要氣壯，反而應該巧妙、婉轉地贏得他人的贊同；如果我們發現自己理虧，就要盡快認錯、勇於承擔。

第十三章

態度友善

輕鬆改變他人心意的方法

我希望對方能贊同我，
所以舉出了許多事實據理力爭，
結果卻引來對方的反感……
一般人
別講大道理了。
友善的態度、親切的語氣，
才能引導事情走向
良好的解決之道。
卡內基

態度友善，才能獲得他人的認同

——洛克菲勒撫平罷工潮的智慧

如果你在氣急敗壞之際，對他人大發脾氣，固然能發洩滿腔怒火，但被你臭罵的人會怎樣？難道你的挑釁語氣、仇視態度會讓對方同意你嗎？

「如果你帶著一雙死命緊握的拳頭來找我，」美國前總統伍德羅．威爾遜說，「我敢打包票，我的拳頭會比你握得更緊；不過，如果你開門見山就說：『讓我們坐下來好好討論。如果雙方意見不同，不妨想想分歧的原因是什麼，問題到底出在哪裡？』我們花不了多少時間就能發現，彼此的意見其實大同小異。只要我們耐著性子、展現解決問題的誠意，就能和睦相處。」

洛克菲勒可說是全天下最讚佩威爾遜這句睿智名言的人。一九一五年，洛克菲勒在科羅拉多州走到哪裡，就被討厭到哪裡，因為當地爆發了美國工業史上最嚴重的罷工潮。憤恨不平的礦工要求洛克菲勒加薪，他們毀壞廠房，洛克菲勒不得已只好調請軍隊前來鎮壓。

當時，仇恨的氣息充斥每個角落，但洛克菲勒希望獲得礦工的諒解。最後他真的靠一場演說就辦到了！這場演說完全就是大師之作，產生驚人效果，使得所有罷工者都心甘情願地回去工作，再沒提過加薪的事情。在此謹呈這篇著名的演講稿。**請留意字裡行間的友好精神**。他的遣詞用字卻非常高尚、友善。這篇演講大量採用「我深感榮幸可以到此」，以及「唯蒙各位厚愛，我才能站在這裡」等這類字眼。

「這是我人生中的大喜之日，是我第一次獲此榮幸，得以和諸位優秀的員工代表相聚一堂。上星期，我得到一個造訪南煤區的機會，我曾親自拜訪過你們的家，拜會各位的妻子與兒女，因此我們在此相聚就像好友一樣。唯蒙各位厚愛，我才能站在這裡，與各位討論我們的共同利益。我既無福成為公司主管，也不是員工代表，但我深深感覺，你們與我的關係非常密切。」

這樣一篇出色的演講正是化敵為友最精妙的手法！倘使洛克菲勒採取不同手段，當著所有人的面拿出事實據理力爭，最後情況會怎樣？不過是激起更多憤怒、爆發更多反抗而已。

假若有個人心中早已對你有成見、感到嫌惡，你就算是挖出基督教界的所有道理，他都不可能和你站在同一陣線。**人們不會輕易改絃易轍，用強迫的手段不能讓人改變想法；我們必須和顏悅色、循循善誘，對方才可能願意同意我們的觀點**。

記得在話語中加入一滴蜂蜜

——多使用溫和、不具脅迫性的語句

事實上，林肯大概在一百多年前就說過類似的話：

一滴蜂蜜比一加侖膽汁可以誘捕更多蒼蠅。

這項道理也適用在人類身上。**如果你想要別人同意你的見解，請先讓他相信，你是他忠實的朋友**。這就是擄獲對方的一滴蜂蜜，他也能踏上寬敞的理智對話之路。

丹尼爾．韋伯斯特（Daniel Webster）堪稱美國最成功的律師。他的辯論風格極具權威，但話語之中總是充斥著溫和的字眼，好比「這一點仍有待陪審員考慮」、「這一點很可能值得深思」、「在下相信，各位絕對不會忽略以下事實。」沒有脅迫、沒有高壓，也沒有擅自把個人意見加在他人身上。韋伯斯特採用最溫和、友善的處理方式，但仍不失權威，這正是他功成名就的最大助力。

輕易改變他人心意的說話術！

——先讚美，再提出請求

你可能永遠無緣對陪審團發言，但絕對會想調降房租。若是這樣，溫言軟語是否有用？讓我們往下看。

工程師史托伯（O. L. Straub）想要調降房租，但他知道房東鐵石心腸。「我寫信給他，」史托伯對著全班學員說，「告訴他租約到期後我就會搬走。他一接到我的信，就帶著祕書上門找我。我一走到門口，先友善地向他打招呼，**使盡全力釋出善意與熱情**。

「我沒有劈頭就抱怨房租太高，反而是高談闊論自己有多麼喜歡這間公寓。相信我，我當下確實是『真心誠意、慷慨大度地極力讚揚』。我佩服他管理房子的手法，還告訴他我應該會非常願意繼續住下去，只不過我實在吃不消高昂的租金。

「他顯然從未曾受過房客如此熱烈歡迎，一時間看起來無所適從。

「然後他開始向我訴說遭遇過的種種困擾，最主要是愛抱怨的房客，有些房客還會

擁有好人緣的智慧 13

時時謹記，溫柔、友善的力量，永遠勝過憤怒和暴力。

公然羞辱他，其他房客則會威脅他。他說，『幸好有你這位知足常樂的房客。』後來，我什麼要求都沒提出，他就幫我降低一點點房租。但我想要降更多，於是提出一個自認為負擔得起的數字，他一個字也沒說就同意了。

「如果我採用其他房客的手法，要求房東調降房租，我有十足把握，自己會和他們一樣慘遭滑鐵盧。**我之所以能夠協商成功，全靠友善、同理心，與讚賞。**」

即使對方犯錯，態度也要友善

另一名培訓課程學員傑拉德．H．韋恩（Gerald H. Winn）來自新罕布夏州里特頓市，他報告了自己如何發揮友善手法，解決一樁索取賠償的案子。

「今年初春，」他回憶，「地面結冰都還沒融化時，很不尋常地下了一場大雨，而且雨水無法順勢流入水溝，反而沖進我才剛剛落成的新居。

「雨水滲入了水泥地基，壓裂地板，接著又淹沒了地下室。家中所有毀壞的物品的修理費用超過兩千美元，我根本沒有保險可以支付這類損失。

「但是，我很快就發現原來是建築公司的疏忽，他們忘了在我家附近挖掘排水溝。

我謹記著課堂上學到的準則：大發脾氣於事無補。我保持冷靜，抵達建築公司後，先跟建商聊起他去西印度群島度假的事，然後我才順勢提起水災這道『小』問題。他很快地就同意，會盡一切努力幫我修補這道問題。

「幾天後他來電，不僅說他會負擔修理費用，還會再蓋一條排水溝，以免未來發生同樣的悲劇。

「雖然錯原本就在建商身上，但我如果沒有一開始就將身段放軟，想要他同意負起全責，很可能難如登天。」

威嚇不可能改變他人心意

多年前，我得打赤腳走過一片森林，到密蘇里州西北方一間鄉間小學上課。我在那裡學到一則太陽和風的故事。太陽和風互爭誰比較強大。風說：「我可以證明我比較強大。你看到前方那名穿著外套的老人了嗎？我打賭我可以比你更快讓他脫下外套。」

於是太陽就躲到雲層後方，強風越颳越猛，老人卻把外套抓得更緊。

最後，風吹得累了，漸漸緩息下來，乾脆放棄。換太陽登場。它從雲層後方射出光芒，微笑和煦地照在老人身上。沒多久，他開始拭去眉上的汗滴，然後脫掉外套。稍後，太陽就告訴風，溫柔與友善永遠強過兇惡與暴力。

這是古希臘時期，一名名叫伊索的奴隸所口述的寓言故事。他在雅典傳授的人性真理，至今在波士頓、伯明罕依然適用。太陽的熱力會比強風更快讓你脫下外套；**和善、友好的態度，能比大吼大叫、威嚴恫赫更快改變他人心意。**

請謹記林肯的智慧之語：一滴蜂蜜比一加侖膽汁可以誘捕更多蒼蠅。

建立有效溝通準則十三：與人為善。

卡內基魅力學 13

良好的互動，從「友善」的態度開始！

- 強迫的手段不能讓人改變想法，和顏悅色、循循善誘，對方才可能同意你的觀點。
- 友善的態度、親切的語氣，才能引導事情走向良好的解決之道。因為溫柔、友善，永遠勝過憤怒和暴力。
- 用溫言軟語，取代厲言指責，即使對方犯錯也一樣！
- 先讚美，再提出請求，就能輕鬆改變他人心意！

第十四章

讓對方說「是」

製造正向的談話氣氛

每次我希望別人
贊同我的想法時，
對方總是一開口就說「不」，
讓我很挫折……
一般人
請不斷提出
對方肯定會回答「是」的問題，
對方就會在不知不覺中
接受你的意見。
卡內基

別讓「不」字出現在談話中

你與他人交談時，切勿一開口就討論意見相左的主題，最好是一直強調彼此都贊同的事；如果可能的話，請一再強調雙方都在追求同一個目標，唯一的差異僅是手法，而非目的。

如果可能的話，請做到讓對方在一開始就連連點頭稱「是」，而非像波浪鼓一般地搖頭說「不」。

哈利．A．歐佛斯崔教授在《影響人類行為》中寫道，說「不」這種反應是最難克服的障礙。當一個人說出「不」之後，他就是賭上了人格尊嚴，因此不得不堅持到底。儘管稍後他覺得說「不」似乎是個失誤，卻會因為拉不下面子，而無法收回！因為你一旦說出口，就必須捍衛到底。

因此，**讓每個人在談話開始時就持肯定態度，這一點很重要**。

談話技巧純熟的人一開始就可以得到許多「是」的反應，將聽者的心理導往贊同自己的方向。這就像是打撞球，推桿往一個方向擊球後，要讓球改道就得花點力氣，要讓它反方向彈回就更費勁了。

人也是如此。當一個人斬釘截鐵地說「不」時，他全身上下的器官、腺體、神經、肌肉會完全被喚醒，形成一種拒絕的狀態。這種反應通常很細微，但有時也很明顯，簡而言之，這個人全身上下的神經肌肉系統都會劍拔弩張，等著要捍衛自己的主張。

反之，當一個人說「是」的時候，全身器官反而會做好準備，處於開放的模式。因此，談話開始時，我們若能吸引對方回答更多「是」，就更容易讓對方同意我們的觀點。

把難搞顧客變粉絲的不二法門：想方設法讓他說「是」！

讓對方說「是」，其實是非常簡單的技巧，但我們常常視而不見！一般情況下，人們老是喜歡一開口就反對他人意見，因為這樣才能凸顯自己與眾不同，並自我感覺重要。

如果你讓學生、顧客、兒女、丈夫，或妻子一開口就說「不」，那麼，你就算祭出三寸不爛之舌，發揮天使般的智慧與耐性，也很難改變他們的意念。

紐約市格林威治儲蓄銀行的櫃員詹姆士．艾柏森（James Eberson）善用「是、是、是」的技巧，成功保住了一位原本很可能憤而離去的潛在顧客。

「這位大戶走進銀行想要開戶，」艾柏森說，「所以我請他填寫正規的存款申請表格。有些問題他很願意回答，但有些他會直白地拒絕。

「在我開始研究人際關係之前，我會告訴這位潛在的存款客戶，如果他拒絕提供這些資訊，我們也會拒絕開戶。我深感慚愧，以往我都是這樣辦。當那些具有權威性的話說出口後，我自然會感到洋洋得意，因為我已經讓對方知道，這裡誰說了算。但這種態度肯定會讓對方感覺不被尊重。

「於是今天上午，我決定要運用為人處世的常識，不談銀行的規定，只關心顧客想要的結果；我想要讓他一開口就連連稱『是、是、是』。於是，我同意他的請求，並說他拒絕提供的資訊其實並不十分必要。

「『可是，』我對那位顧客說，『你在我們銀行存了一大筆錢，當有一天離開人世，不會想要把存款轉給最親愛的家人嗎？法律上誰是有權繼承的人？』

「『沒錯，當然想啊，』他回答。

「『那你不會覺得，』我繼續說，『若把最親近的家屬基本資料給我們，萬一有一天離開了，我們就能分毫不差地實現你的遺願，這麼做是不是個好主意？』

「他再次回覆：『沒錯。』

「這位男士的態度軟化了。他離開銀行前，不只提供完整的個人資訊，也聽從我的建議開了信託帳戶，受益人就是他的母親；他還很開心地回答所有關於母親的問題。

「我發覺，讓他一開始就說『是、是、是』，他就會忘了最初的爭執點，還會滿心歡喜地遵照我的建議辦理流程。」

讓人點頭稱「是」的實用祕訣：多問問題引導對方

加州奧克蘭市的艾迪．史諾（Eddie Snow）是我們培訓班的贊助者，他告訴我們，有一家商店的老闆讓他連連稱「是」，從此他就一試成主顧。

艾迪一向對狩獵興致勃勃，因此花了大把銀子，在當地一家弓箭商店添購不少器材和裝備。有一天，他的兄弟來訪，他想為他在那家店租賃一套設備。店員回覆說他們不租賃器具，所以他打給另一家店。以下是事件始末：

「一位語氣十分愉悅快活的男士接起電話，他聽完我的問題後，反應和前一家商店

切忌以一開場就討論意見相左的主題，應該先強調彼此都贊同的事，對方才會認同你的想法。

截然不同。他說，因為這種服務的代價太高昂，他十分抱歉已經不再提供這類服務。然後他又問我以前是否租賃過。我說：『對啊，大概幾年前租過。』然後他問我，租賃費用是不是大概一次二十五至三十美元，我再次回答：『對啊。』接著他問我是不是那種天性節省的人，我不假思索地回答：『對啊。』

他就開始解釋，他們正好有一整套包含必要弓箭的裝備，特價只賣三十四．九五美元，我就算買下整套，也只比租用一次的花費多出四．九五美元。他又解釋，這就是他不再受理租賃服務的原因，因為對顧客來說實在太不划算了。我聽了是不是覺得合理？我的『是、是、是』早就讓我傾向同意買下整套設備。當我同意下單後，還加購幾樣額外裝備，從此就成了這家商店的常客。」

「以柔克剛」才是智慧之道

蘇格拉底曾被喻為「雅典的害蟲」，卻是全世界古往今來最偉大的希臘哲學家，因為他膽敢做出人類歷史上，少數幾位有識之士才辦得到的事情：他大刀闊斧改變人類的思考方式。如今，他已逝世二十四個世紀，卻仍被尊稱為歷來最有影響力的人之一。

他有何心法？難道到處指著別人的鼻子喊「你錯了」嗎？當然不是。蘇格拉底不會這麼做，他太圓融不會這麼粗魯。他的技巧如今被稱為「蘇格拉底法則」，基本上和我們一再提及的「是、是、是」法則如出一轍。

蘇格拉底會先提出對方肯定會同意的問題，再漸漸引導對方進入設定的方向，讓人只能忙不迭地回答「是」；問到最後，對方就在不知不覺中，接受了自己在幾分鐘前還想立刻說「不」的結論。

下一回，當我們想要指正他人時，請謹記蘇格拉底的古老智慧，先提出一個溫和的問題，亦即一個會得到「是、是、是」的問題。

中國有句古諺最能反映東方人的智慧：以柔克剛。他們花了五千年研究人性，習得許多睿智的洞察力，也形成了許多像「以柔克剛」一樣極具智慧的格言。

建立有效溝通準則十四：讓對方不斷說「是、是、是」。

卡內基魅力學 14

設法讓對方說「是」!

- 「不」是人際相處中最難克服的障礙。
- 讓每個人在談話開始時就持「肯定態度」，是非常重要的談話技巧。
- 盡量展現雙方的共通點。
- 「蘇格拉底法則」：不斷提出對方肯定會同意的問題，讓人只能一直回答「是」，對方就會在不知不覺中，打從心底接受你的意見。

第十五章

讓對方當主角

引導對方說出你想要的答案！

我想引導客戶／主管
贊同我的想法，
所以極力闡述自己的意見，
但他們根本沒耐性聽……
一般人
話太多會造成反效果。
應該讓對方當主角，
鼓勵他暢所欲言！
卡內基

初次見面，請把發言權交給對方

多數人在試著拉攏他人同意自己的觀點時常常話太多。你應該讓對方暢所欲言，他們比你還清楚自家的業務或問題。所以，你只需要提出問題就好，讓他們自己把話接下去。

如果你不同意對方的觀點，或許會恨不得插嘴打斷他，但千萬不要這麼做，太危險了，因為他們有滿腹意見想要傾訴，根本就沒空聽你說。所以，請放寬心胸，真心誠意地洗耳恭聽就好。**請鼓勵對方盡情傾訴心中的想法。**

這種策略應用在商場上有沒有效？我們來看看就知道。以下是一名業務員不得不採行這套方法的親身經歷。

有一家全美規模最大的汽車製造商展開全年所需坐墊布的採購作業，三家重要的廠商都送了樣品過去。汽車製造商主管審核後，全部都通過，然後就通知三家業者，派業務員前去商談，他們會再做最後的採購決定。

R先生是其中一家製造商的業務員，雖然在約定日抵達客戶辦公室，但很不幸地剛好罹患嚴重的咽喉炎。「輪到我進入會議室見客戶時，」R先生對著全班學員說，「我的聲音整個啞了，面對採購經理、業務主任及全公司總裁，幾乎發不出聲音。

「所以我只好拿筆在紙上寫下幾個字：『各位長官，我的喉嚨沙啞了。現在無法開口說話。』

「『那我來替你發言好了，』總裁說。而且他真的替我美言幾句。他把我的樣品一件件攤在桌上讓所有人細看，稱讚這些樣品的優點。一場產品討論會就這樣展開。因為總裁是在幫我說話，所以大夥討論時，他自然而然地站在我這邊。當時我坐在一旁，只能點頭微笑。

「結果，我竟然拿到了合約，也就是說，對方斥資一百六十萬美元，訂購了五十萬碼坐墊布。這是我畢生經手最大金額的訂單。

「要不是我喉嚨啞到說不出話，我搞不好會失去合約，因為我沒搞懂整個狀況。我無意中發現『沉默是金』的道理。**原來讓別人暢所欲言這麼值回票價。**」

提出對方有興趣回答的問題，讓他講得欲罷不能！

最近紐約一家報紙的金融版面上，刊登了一張大篇幅廣告，要招聘一位能力出眾、經驗豐富的人才。查爾斯．T．庫柏利斯（Charles T. Cubellis）主動應徵，將履歷表等資料寄到指定的信箱。過了幾天，他接到對方公司的回覆，請他去面試。

他在面試前，花了幾個小時在華爾街上找尋這家公司創辦人的資料，並在面試時對老闆說：「假如我能進入這家優異的企業服務，將會感到非常自豪。我聽說您在二十八年前，白手起家創辦了這家公司，當時這裡只有一間附帶桌椅的房間，和一名速記員，這是真的嗎？」

幾乎所有成功人士都喜歡憶當年勇，這位老闆也不例外。他開始談起多年前用身上僅有的四百五十美元，和原創點子開始創業的歷程。

他訴說自己如何克服千辛萬苦、戰勝挫折，每天工作十二到十六個小時，全年無休；如何在最後關頭戰勝所有困難，直到今天，就連華爾街上地位最高的金融家都向他請益。他為自己創造的成就感到萬分自豪。

最終，他只向庫柏利斯簡單問了幾個經歷，然後就把副總裁叫來，並吩咐對方：「我想這位先生就是我們要找的人才。」

庫柏利斯不嫌麻煩地花時間找出未來老闆的成功經歷，展現對老闆的高度興趣，並鼓勵對方多說話，因此幫自己製造了良好的第一印象。

會傾聽比會說話更能說服人，請鼓勵對方盡情發言吧！

引導對方採納你意見的祕訣

——少談自己，鼓勵他人提出自己的想法與需要

加州沙加緬度（Sacramento）的羅伊・G・布萊利（Roy G. Bradley）卻遇到相反情況。他光是當一名好聽眾，就為東家找到了優質人才。羅伊回憶：

「我們是一家小型經紀商，無法提供住院、醫療保險，與年金之類基本工資以外的福利。每一名業務員都是獨立的經紀人，我們甚至無法像大公司那樣，對他們描繪公司的美好未來。

「理查・普萊爾（Richard Pryor）具備我們這項職缺所需要的經驗，他先和我的助理面試，從中得知這項工作的所有缺點；當他走進我的辦公室時，看起來似乎有些沮喪。我告訴他，加入我們這家小公司倒是有一個好處，那就是他將成為獨立經營的合夥人，幾乎等於是自己當老闆。

「當他談起自己的優點時，還對我提到他進來面試時對公司的種種擔憂。有好幾

次，他看起來像是有感而發地一邊自言自語，一邊整理腦中思路。我數度想要打斷他，但硬是要自己忍住；到了面試即將結束前，我感覺到，他終於說服自己接受這份工作。

「**正是因為我要求自己當個好聽眾，讓理查滔滔不絕地說下去，他才能公平地在心中權衡利弊，然後自己做出『正面』結論**。這是他為自己設下的一道挑戰。我們決定聘僱他，事實證明，他確實是我們公司表現優異的業務員。」

千萬別在言語上和朋友拚輸贏！

即使是朋友之間的聊天，每個人都希望多談自己的成就，少聽別人的膨風吹噓。

法國哲學家弗朗索瓦．德．拉羅什福柯（Francois de La Rochefoucauld）曾說：「**如果你想樹敵，那就凡事都贏過朋友；如果你想結交更多朋友，那就讓你的朋友贏過你。**」

為何這句話再真實不過？因為每當朋友贏過我們，他們就能自我感覺重要；一旦我們贏過他們，朋友（或者至少其中一、兩位）則會臉上無光、心生嫉妒。

亨莉塔（Henrietta）是紐約市中城人力局（Midtown Personnel Agency）裡人氣最高的職業顧問，但她不是從一開始就這麼受歡迎。她剛進入公司的前幾個月，根本沒有半個同事願意和她交朋友。為什麼？因為她每天開口閉口都在炫耀自己達成多少業績、新增多少位客戶，和她自己完成的每一件事。

「我的工作做得很上手，而且我深深自豪，」亨莉塔對著全班學員說，「但我的同事並不樂於和我分享這份榮耀，他們似乎還因此非常討厭我。我很希望他們喜歡我，也真的很想和他們做朋友，因此，我參加這門培訓班聽了幾場課以後，開始少談論自己，多聽同事說話。他們也有很多事情可以誇耀，而且講自己的業績時比我還要興高采烈。現在，每當我們聚在一起聊天時，我都會請同事多分享趣聞，除非對方問起我的業績，不然我隻字不提。」

請鼓勵對方盡情傾訴心中的想法。

建立有效溝通準則十五：讓別人高談闊論吧！

卡內基魅力學 15

滿足他人的「說話欲望」!

- 請鼓勵對方盡情傾訴心中的想法。
- 希望獲得他人贊同時，不要高談自身經驗，應該讓對方暢所欲言。
- 如果你不同意對方的觀點，也請千萬不要打斷他。你只要真心誠意地洗耳恭聽就好。

第十六章

「主動詢問」對方意見

讓人以為點子都是自己想的

說服他人很不容易，
要怎麼做才能讓人
自願接納我的意見？
一般人
請主動邀請對方提供建議，
讓他瞬間掉進你的思維，
還以為自己掌有主控權。
卡內基

積極邀請對方提供意見，就能贏得對方的合作！

你是否覺得自己的主意比別人的更加可靠？如果是的話，你硬生生把自己的意見塞給別人，是不是錯得離譜？提出意見後，留待別人自行歸納出結論，不是更聰明的辦法嗎？

沒有人喜歡被強迫買下一樣東西，或是被命令去做一件事。我們都喜歡隨心所欲地買自己想要的東西，做自己想做的事情；同時，我們也喜歡和別人討論自己的願望、需求和想法。

一家X光機製造商採用「邀請對方提供意見」的心理戰術，把設備賣給布魯克林區一家大醫院。這家醫院正在擴充新部門，想要為這個全美國最精良的X光部門添購一套產品。

L醫師正是計畫負責人，整日被各家業務員圍得團團轉，每個人都大言不慚地吹捧自家產品最棒。

但是，其中一家製造商的手法堪稱高明。他比其他對手都更了解人性。他寫了一封信給這位醫生：

敝廠最近完成了一系列全新的X光設備，第一批新貨才剛剛送抵辦公室，但我們深知它們並不完美，因此想要加以改良。

如果閣下能撥冗到場檢視一番，為我們提供獨到的見解，讓儀器更適合你們的專業服務，敝社將感激不盡。我們深知，您的公務繁忙，因此請務必指定時間，屆時我將派車去接送您。

「我接到那封信的當下十分驚訝，」L醫師對培訓班學員說，「可說是又驚又喜。以前從來不曾有任何X光儀製造商徵詢我的意見，因此這項提議讓我**感到備受重視**。那一個星期原本每天晚上我都很忙，但我取消一頓晚餐約會，特地去檢視那套新儀器。我越花時間研究，就越發現自己越喜歡它。

「沒有任何人說服我購買這套設備，把它們安裝在X光部門完全出自我的意見。」

沒有人喜歡強迫購買或遵照命令行事。
如果你想贏得他人的合作，請主動徵詢對方的意見，讓他覺得一切都出於自願。

銷售第一法則：了解客戶，主動詢問他的需求！

再舉尤金．威遜（Eugene Wesson）的例子說明好了。他在明白這項真理之前，早已經損失成千上萬美元的收入。

威遜是銷售服裝草圖的推銷員，他的公司主要是為造型師與紡織商發想設計圖。威遜幾乎每星期都會去拜訪紐約某位聲名遠播的設計師，三年來從不間斷。

「他從來不曾拒絕接見我，」威遜說，「可是也從來沒有下過訂單。每次他都極其用心地審視我的草圖，然後說：『威遜，還是不行。我想我們今天還是不能合作。』」

威遜前後失敗一百五十次，於是他決定每星期要花一個晚上，研究影響他人行為之道，來幫助自己想出新的銷售點子。

他決定使用「主動詢問對方意見」這套方法。於是，他帶了幾張美術編輯還沒畫完的草圖，直奔那位設計師的辦公室，並說：「如果方便的話，我想請你幫我一個小忙。這裡有幾張還沒完成的草圖，能不能請你告訴我，怎麼設計你才可能願意採用它們？」

設計師一語不發地盯著草圖好一會兒。最後他終於說：「威遜，你把它們放在我這裡幾天，然後再回來找我。」

三天後，威遜再度登門造訪，設計師給出了建議，然後威遜就帶著草圖回到辦公室，要求美編依據買家的想法完成作品。最後結果如何？買家照單全收了！

「我終於了解為何這麼多年都做不成生意，」威遜說，「我一直催促他下單我覺得他應該要買的產品，但後來我改變方法，要求他提供我新點子。

「這種做法讓他感覺產品都是依自己的需求創造的，實際上也的確是，所以我根本就不用向他推銷，他自己就會出手購買了。」

「不經意」地說出自己的期待，讓想法在對方腦中發芽

伍德羅．威爾遜擔任美國總統時，愛德華．M．豪斯上校（Edward M. House）在內政、外交事務上都頗具影響力。威爾遜常常找豪斯上校密商大事、尋求忠告，頻率比其他內閣成員還要高。豪斯上校究竟有何能耐讓總統言聽計從？他曾經把這門獨家心法透露給作家亞瑟．D．霍頓．史密斯（Arthur D. Howden Smith），後者原汁原味地將豪斯的話寫入《週六晚間郵報》一篇文章裡。

「『打從我認識總統以後，』豪斯說，『我才漸漸學到，想要讓他接受一道點子的最佳方法，就是**不經意地**把它植入總統腦中，讓他開始產生興趣，繼而讓他覺得那個主

意是他自己想出來的。我第一次發現這種做法純屬偶然。當時我進白宮拜會他，希望能敦促他核准一套他看似不怎麼贊同的政策。不過幾天後，我參加一場晚餐宴會，大感意外地聽到他將我的建議當成自己的想法，提出來說給大家聽。』」

豪斯上校是否曾打斷總統發言然後說：「那根本不是你的點子，那是我的想法」？豪斯上校絕不會這麼做，而是**任由威爾遜總統繼續認定那個點子是他的**，他甚至還當著大眾的面，把功勞都歸給威爾遜。

請謹記在心，所有人都和威爾遜一樣，因此，我們不妨適時採用豪斯的高明技巧。

繞一圈讓第三者來說你的優點，瞬間征服客戶！

曾有個加拿大紐布朗斯維克省（New Brunswick）的商人在我身上使出這一招，讓我成為他的常客。當時我正在計畫赴紐布朗斯維克省釣魚、划舟，所以寫信給旅行社索取相關資料。顯然，我的姓名與住址都已經存在對方的郵件聯絡清單了，因為我立即就收到回信，內附各種小冊子、露營地點推薦，及指南印刷本。我看得眼花撩亂，不知道從何挑起。然後，其中一名營地主人幹了一件聰明事。他寄給我幾位紐約當地人的姓名與電話號碼，**要我親自打電話給他們，調查他的服務態度和水準。**

我很驚訝地發現，這份名單中有一張熟面孔，於是我打電話給他，問清楚他先前的經驗如何，然後就提筆寫信給營地主人，告知抵達日期。其他營地主人都努力嘗試要向我兜售他們的服務，但**只有這一位讓我自己做出選擇**。他贏了。

二千五百年前，中國聖賢老子常有句話，至今對讀者依舊受用：

「江海所以能為百谷王者，以其善下之，故能為百谷王。是以聖人欲上民，必以言下之。欲先民，必以身後之。是以聖人處上而民不重，處前而民不害。」（江海之所以能成為百川之王，是因為江海能處在百川之下，故能成為百川之王。聖人之所以能身居民眾之上，是因為其謙卑居於民眾之下。聖人之所以能領導民眾，是因為其把自身的私利放在民眾之後。因此，聖人在民眾之上，民眾沒有重負；聖人在民眾之前，民眾不會受害。）

建立有效溝通準則十六：讓對方認為點子是他自己想出來的。

卡內基魅力學 16
不露痕跡地操控對方！

- 每個人都認為自己的主意更可靠。如果你想贏得對方的合作，就要讓人以為決定都是自己下的。

- 掌握主控權、讓人不知不覺採納你意見的「三大方法」：

  1. 主動邀請對方提供建議

  2. 不經意地說出自己的期待

  3. 繞一圈讓第三者來說你的優點

第十七章

換位思考
讓人打從心底感到「你懂我」！

交涉和商談陷入僵局時，
要怎麼做才能突破現狀，
引導對方接納我的想法？
一般人
請轉換立場，把自己當成對方，
細心思考他想聽到什麼，
對方就會做出你期望中的反應。
卡內基

善用「同理心」，徹底站在對方的立場思考

請謹記，別人有可能錯得離譜，但他們自己不會這麼想。請勿斥責對方，只有無腦的人才會這麼做。請試圖理解對方的立場，唯有睿智、寬容、與眾不同的人才做得到。**某個人會產生某種思想和行動，自有它的道理，你若能探求出隱藏其中的理由，就能清楚掌握對方的行動和性格關鍵。請試著真誠地站在對方的立場思考。**

如果你這樣對自己說：「要是我是他的話，遇到這種狀況，我會有什麼感受？我會做出什麼反應？」如此一來，你就能免去許多時間和煩惱，因為「你已經知道起因，就比較不會憎惡結果了。」除此之外，你還可以大幅提升自己待人處世的技巧。

傑洛・S・尼倫伯格（Gerald S. Nirenberg）在著作《深入人心》（*Getting Through to People*，暫譯，無繁體中文版）中寫道：「**當你展現出自己將會設身處地考量對方的想法與感受時，你和對方的談話才能達成共識**。開展對話的第一步，是向對方說明此次談話的目標或方向；並預設自己如果是聽者的話，希望聽到什麼，依據這項設定來謹慎挑選用字遣詞。請先接受對方的觀點，這對他來說是很大的鼓舞，能讓他能敞開心胸和你對話，並且更容易認同你的觀點。」

「換位思考」，才能讓人樂意聽從你的意見

我一向很喜歡在自家附近的公園散步、騎馬，而且對老橡樹懷抱崇敬之情，所以每次看到森林大火無情吞噬小樹或灌木叢時，總會十分心痛。這些火災往往不是粗心大意的吸菸者引起的，而是年輕人在樹下生火烤肉時引發的，而且火勢往往一發不可收拾，消防部門也疲於奔命。

公園的角落張貼著一張公告，明言凡是引起森林火災的肇事者，都將處以罰款或監禁。但是它張貼在人煙罕至的地方，鮮有肇事者會看到。有位騎警負責維護公園安全，但他的巡視態度漫不經心，所以森林才會動不動就發生火災，我失望透頂，所以乾脆自行扮演保護森林大樹的角色。

一開始，我根本就沒有從別人的立場想事情。當我看到有人在樹下點火時，我會立刻騎馬衝到這群小夥子面前，警告他們在樹下點火容易發生火災，最嚴重的情況下還會被抓起來關。我疾言厲色地要他們立刻滅火，從來沒有顧及他們的想法，只是在發洩心中的不滿。

結果如何？他們根本沒當一回事，表面上不情願地滅火了，但當我騎著馬步下山丘後，他們或許又重新生起一堆火，搞不好還想把整座公園給燒個精光。

幾年後，我學到更多待人處世的細微道理、手腕更細緻、更常主動站在別人的立場想事情。要是回到當時，我不會高高在上地發號施令，反而會這麼說：

「小朋友，玩得愉快嗎？小時候我也喜歡生火烤肉，現在也還是很喜歡。不過你們知道嗎？在公園裡面生火超危險的，有時候如果忘記滅火，火星就會順著地面上的乾葉蔓延，燒光整片林子。你們可能會因為這樣不小心被抓去關。

「我不想要破壞你們的樂趣，我希望你們玩得開開心心；只是……你們可不可以在生火的時候不要太靠近樹幹，然後記得在回家前鏟一些泥沙蓋在火堆上？還有啊，下次你們如果還想要再來這裡玩，可不可以移到那邊的沙堆上生火？這樣就不用擔心會造成火災啦。

「謝謝各位小朋友。希望你們玩得愉快。」

如果我當初這樣說的話，效果會有多大不同！

至少這群小夥子會願意合作，毫無反感、絕不怨憎。他們既不會覺得被硬逼著服從命令，也不會覺得丟臉丟大了；他們聽得舒服，我看了也滿意，因為我在處理這件事之前已經先設想他們的立場。

任何人都希望對方能想到自己的苦衷

當人際關係發生困難時，試著從別人的眼睛綜觀全局，或許可以減緩緊張情勢。澳洲新南威爾斯的伊莉莎白・諾瓦克（Elizabeth Novak）已經拖欠汽車貸款六個星期了。

「某一個星期五，」她說，「我接到一通車貸專員的電話，他的語氣非常惡劣。他告知我，如果我在下週一上午無法繳清一百二十二美元，公司就要採取下一步行動。我根本不可能在週末籌到這筆錢，所以週一清早對方又來電了，我當下就做好了最壞的準備。

「我試著站在他的立場上想事情，擺出最誠摯的態度，為自己帶給他這麼多不便向他道歉，並自責我應該是他遇過最棘手的客戶，因為這已經不是我第一次拖欠款項。

「結果他的語調立刻三百六十度大逆轉，並向我保證，比起他經手的最難纏的客戶，我還差了一大段距離。他接著又告訴我幾個超級無禮的客戶的故事，比如極盡所能地說謊、經常東躲西閃他的電話等等。

擁有好人緣的智慧 17

唯有想像自己站在對方立場，深入了解他的感受與看法，最終的結論才能同時符合雙方期望。

我一句話也沒說，靜靜聽他吐完苦水。然後，我連問也沒問一聲，他就直接告訴我，如果我無法立即繳清整筆款項，其實沒關係；只要我能在當月底先繳付二十美元就夠了。等到以後我的手頭寬裕了，再把餘額補足就好。」

因此，以後當你有求於人時，何不暫停一下，閉上眼睛，試著站在別人的立場從頭到尾把整件事想一遍？然後捫心自問：「為什麼他要這樣做？」當然，這很花時間，但可以減少原本存在的摩擦，及減低不愉快的氣氛。

隨時鞭策自己事事替人著想

哈佛商學院院長華萊士・布萊特・唐漢（Wallace Brett Donham）說，「當我要和某個人面談時，如果不曉得應該說些什麼，也無法根據我對他的認識推敲出對方的反應，我寧可提早兩個小時，在對方的辦公室前面走一走，釐清思緒，而非沒頭沒腦地直接闖進他的辦公室。」

這句話真是一語中的，我要在此重複一次：

當我要和某個人面談時，如果不曉得應該說些什麼，也無法根據我對他的認識推敲出對方的反應，我寧可提早兩個小時，在對方的辦公室前面走一走，釐清思緒，而非沒頭沒腦地直接闖進他的辦公室。

所以，當你讀完本書，你將只會得到一個領悟，那就是驅動你在接觸每一件事時，會處處替人著想，而且也會站在對方的立場綜觀大局。就算你真的就只有從本書得到這份啟示，它也很容易就成為你人生職涯的踏腳石。

建立有效溝通準則十七：
試著真誠地站在他人的立場綜觀大局。

卡內基魅力學 17

讓對方覺得「被理解」才是重點！

- 請善用同理心，真誠地站在對方的立場思考。
- 「換位思考」能省去許多時間和煩惱，因為一旦知道起因，就比較不會憎惡結果。
- 當對方感覺到你設身處地考量他的感受時，他會大受鼓舞，開始敞開心胸和你對話，且更容易認同你的觀點。
- 如果你讀完本書後，開始會在接觸每一件事時，處處替別人著想，那麼這本書必定能成為你成功職涯的墊腳石。

第十八章

釋放「同理心」
巧妙平息怒火的技巧

如果爭辯已經開始、
怨恨已經發生，我要怎麼做
才能挽回對方的好感？
一般人
請釋放同理心，告訴對方：
「如果換作是我，
一定會跟你有相同的感受。」
卡內基

世界上有四分之三的人極度渴求「同理心」

你想不想要知道，有一句神奇話語可以停止爭辯、消除怨恨、製造好感，而且還可以讓別人洗耳恭聽？

想，對嗎？那我就告訴你：「你會有這種感覺我一點也不怪你。換作是我，一定也會有相同的感覺。」

就這麼一句話，連天底下最狡猾的老頑固都會馬上軟化。不過，你必須百分之百真心誠意地說出口，因為假使你易地而處，你一定會和對方有一樣的感受。就拿美國黑手黨頭目艾爾·卡彭為例。假設你繼承了他的身體、性情與思想，假設你也置身於他的環境，你很可能會和他走上同一條路，因為這些事情造就了他。

所以，請同理那些可憐的傢伙，並對自己說：「多虧上帝開恩，我才不至於淪落於此。」

在未來你將遇到的人中，可能有四分之三都如飢似渴地需要他人的同理，請施予他們同理心，他們會因此喜歡上你。

「同理」可以立刻化解雙方嫌隙

——塔夫特總統平息他人怒火的妙計

凡是位居白宮的要人，或多或少都得處理人際關係方面的棘手問題。塔夫特總統也不例外，而且他還從中得出這樣一道結論：**豐沛的同理心是消除怨恨最有效的藥物**。他在著作《投身公職的倫理》（*Ethics in Service*）中舉出一道很有趣的例子，說明自己如何平息一名企圖心強烈的母親的怒火。

「有一位住在華盛頓的女士，」塔夫特寫道，「她的先生在政界頗有影響力。她來找我，前後花了六個星期，費盡唇舌希望我能替她的兒子安插一個職位；甚至還請了一大票參議員來幫他說話。她看上的職位需要技術背景，所以我透過該局主管的引薦，指派了另一位適合的人選。

「後來我收到這位母親的來信，嚴厲指責我忘恩負義，因為我拒絕讓她變成一個心情愉快的母親。言下之意是，對我而言只是舉手之勞的小事，我卻不肯施恩，對她如此薄情寡義。

「當你接到這樣一封信時，思考的第一件事或許就是如何義正詞嚴地駁斥一名沒有禮貌、措詞粗魯的人。但是，假使你是聰明人，寫完以後會把信放進抽屜裡鎖起來，先放個兩天。這一類的信通常會晚個幾天才回覆，沒關係。沉澱兩天後，你就會不想寄出去了。這就是我所採取的做法。

「我坐下來開始寫另一封信給她，告訴她，**我知道身為母親一旦遇到這種局面，將會感到極度失望**，但是那一項職位的任命權，並非完全由我掌控，我必須選擇一位具備技術背景的人才，因此我才會聽取該局主管的建議。

「我表示，希望她的兒子能夠繼續力爭上游，達成她所期盼的成就。這封信果然讓她息怒了。她隨後便寄了一封短信給我，坦言她為之前寫下的文字深感抱歉。」

善用「同理心」，讓脾氣古怪善變的人都乖乖配合

索爾．胡洛克（Sol Hurok）可能是全美國首屈一指的音樂經紀人，近半個世紀以來，他捧紅不少世界知名的藝術家。**胡洛克告訴我，他和這些情緒善變的藝術家打交道，學到的第一堂課就是他們都極度需要別人體恤他們古怪的脾氣。**

他曾擔任夏里亞賓經紀人前後三年，這位傳奇男低音的美妙嗓音深深震撼紐約大都會歌劇院裡耳朵最尖的觀眾，不過，他一直是個麻煩精，老是像個長不大的小孩。套句

胡洛克的話來說：「他從各方面來看，都是個讓人頭疼的傢伙。」

舉例來說，夏里亞賓會在某個將要登台演出的當天中午，打電話給胡洛克說：「索爾，我覺得很不舒服。我的聲音像鴨子一樣，今天晚上我根本不可能唱得出來。」胡洛克會和他爭個面紅耳赤嗎？才不會，他知道，不能這樣對付藝術家。他會趕到夏里亞賓下榻的飯店房間，**送上滿滿的關愛**。

「真是太倒楣，」他會幽幽地說，「我可憐的夏里亞賓。你不能唱也沒關係。我會立刻取消這場演出。雖然這麼做會讓你少進帳幾千美元，不過和你的名譽比起來，這點錢根本不算什麼。」

然後夏里亞賓馬上就會嘆口氣說：「你晚點再過來一趟好了。大概五點左右。我們再看看情況如何。」

下午五點，胡洛克會再度趕到他下榻的飯店房間，**送上滿滿的關愛**。而且，這次他還是會堅持要取消整場演出。

夏里亞賓也會再一次嘆口氣說：「哎呀，可能再過一下下我會舒服一點。」

即使是喜歡挑剔、無法停止批評的人，都會在充滿「同理心」的人面前迅速軟化。

晚間七點三十分，這位偉大的聲樂家會同意登台演出，但前提是，胡洛克得先走上大都會歌劇院舞台向聽眾宣布，夏里亞賓不幸罹患重感冒，因此狀況不佳。胡洛克會暫時騙他說沒問題，因為他知道，這是將這位聲樂家送上舞台的唯一之道。

「自憐」是一種普遍存在的心理現象

亞瑟．I．蓋茲（Arthur I. Gates）在鞭辟入裡的著作《教育心理學》（*Educational Psychology*）中說：「同情是一種放諸四海皆準的人性需求，孩童急切地想要把傷口掀給別人看，或者還會輕輕割上一刀、撞出一塊瘀青，就是為了要博取同情。對成人來說，道理亦然……他們也會展示瘀青部位、講述意外事故、病情，特別是手術過程的細節。**為真實或想像中的不幸『自憐』，其實在某種程度上來說，是一種普遍存在的心理現象。**」

所以，如果你想讓別人站在你這一國，請實踐下述這一點：同理他人的想法與渴望。

建立有效溝通準則十八：同理他人的想法與渴望。

卡內基魅力學 18

人人都想獲得同理心和安慰!

- 為真實或想像中的不幸「自憐」，其實是一種普遍存在的心理現象。
- 豐沛的「同理心」是製造好感、消除怨恨最有效的心靈溝通技巧。
- 在未來你將遇到的人中，可能有四分之三都如飢似渴地需要他人的同情，請施予他們同理心，他們會因此喜歡上你。

第十九章

訴求崇高的動機

用高尚的理由讓人挺你到底

我實在拿那些
固執冷酷的人沒辦法，
說什麼都不可能
扭轉他們的意志……
一般人
所有人都喜歡思考崇高的動機。
如果你想改變他人，
請用高尚的理由說服對方！
卡內基

改變他人意志，從激發崇高動機著手

我生長在密蘇里州的鄉間小鎮，就住在惡名昭彰的大盜賊傑西・詹姆士（Jesse James）老家附近。我曾造訪他出生的克萊市（Kearney），當時他的兒子還住在那裡。他的妻子告訴我，當年傑西如何搶劫火車、挾持銀行，然後把得來的不義之財分發給鄰近的農夫，好讓他們可以繳付貸款。

在傑西・詹姆士的心中，他或許自認為是理想主義著，正如其他的暴徒達奇・舒茲、「雙槍殺手」克洛里，與艾爾・卡彭。事實上，所有人都認為自己擁有高尚的靈魂，心中都認為自己是美好、善良、不自私的。

美國摩根大通銀行創辦人皮爾龐特・摩根（John Pierpont Morgan）在一篇分析文章裡寫道：**「一般人做了某件事，通常是出於兩種理由：一種是口中的高尚理由，另一種才是真正的動機。」**

做的人自己會去思考真正的動機，你不用再強調那一點。不過，**所有人的內心都是理想主義者，喜歡思考好聽的動機。因此，我們若想改變別人，那就請試著「訴求高尚動機」**。

只要你的要求動機崇高，人人都會樂於照辦

這種想法應用在商界是否會太理想化？

當英國前情報部長諾斯克利夫勳爵（Lord Northcliff）發現，報紙版面刊登了一張他不想曝光的照片時，他寫了一封信寄給編輯。他真的是直白說出「往後請千萬不要再刊登那張照片。我不喜歡」嗎？才怪，他展現出高尚的動機。他把自己的要求訴諸於每個人對母親常存的尊敬與愛意，因此在信中寫下「懇請不要再刊登那張照片了。家母不喜歡。」

當洛克菲勒希望阻止攝影記者拍攝兒女的相片時，他也是訴求高尚的動機。他不是說：「我不想要他們的照片登在報紙上。」而是喚醒所有人內心保護兒童的渴望，於是這麼說：「我相信在座很多人都已經有孩子了，你們都了解，讓幼童在報紙上太出風頭，對他們沒有好處。」

當來自緬因州的窮酸小夥子賽洛斯．H．K．柯提斯（Cyrus H. K. Curtis）創辦媒體事業時，他根本沒辦法像其他雜誌一樣支付高價稿費，但他創辦的《週六晚間郵報》（*The Saturday Evening Post*）、《婦女家庭雜誌》（*Ladies' Home Journal*）最終卻讓他成為百萬富翁。當時，他也是訴求高尚的動機。

舉例來說，他說服出版《小婦人》（*Little Women*）後聲勢如日中天的作家露意莎．梅．艾考特（Louisa May Alcott）為他撰稿，他開出的酬勞是一張一百美元支票，但付款對象不是她，而是她最欣賞的慈善機構。

欠缺崇高動機，諸事注定不順

懷疑論者讀到這裡可能會嗤之以鼻：「拜託，對諾斯克利夫勳爵、洛克菲勒，或善感的小說家使出這一招可能管用，但我倒是想看看，這一招對鐵石心腸的傢伙有沒有用。」

你說得可能沒錯。不是所有準則放諸四海皆準，也不是所有人都吃這一套。如果你對現狀不滿意的話，何不按我說的試試看呢？**請先假設對方是誠實、值得信賴的人，一旦他感覺到自己是受到信任的，多數情況下他就會迎合你的期望，而非辜負你的信任。**

我想你會喜歡我培訓班學員湯瑪士（James. L. Thomas）的親身經歷：

某一家汽車公司遇到麻煩，六名顧客拒絕支付汽車修理費。這些顧客不是否定整張帳單，而是認為有些項目的收費金額不正確。依這個情況來說，每一名顧客都已經在服務合約上簽名了，所以汽車公司知道自己站得住腳，公司就是這樣對顧客說的。這就是他們犯下的第一個錯誤。

以下是信用部門員工催收帳款時採取的步驟。你覺得他們會成功嗎？

一、他們親自拜訪每一名顧客，直白告訴對方自己是來催收逾期未繳的帳單。

二、他們直截了當地說，公司絕對不可能搞錯；因此，搞錯的是顧客自己。

三、他們暗示對方，自己做這一行很久了，掌握的汽車產業知識遠超過對方，所以，還有什麼好爭執的？

四、結果，公說公有理、婆說婆有理，他們發生了激烈的爭執。

上述四道步驟有任何一步足以化解糾紛，並讓顧客甘願買單嗎？我想你心中有數。

每個人都是理想主義者，永遠都會受崇高的動機吸引，只要你善用這層心理渴望，說服別人不再費力！

想獲得全力配合，訴求「誠實」的高尚動機就對了！

信用部經理置身這種僵局時，一心只想祭出法律武器解決問題。所幸總經理注意到這件事了，他調查這些逾期客戶的紀錄，發現他們以前全都是按時繳費的好客戶。這樣一來，肯定是某個催收環節出錯了。所以他改請詹姆士・L・湯瑪士去催收帳款。

以下是湯瑪士親筆來函說明當初他採取的步驟：

❶**態度友善**：我逐一拜訪每位顧客，而且很確定公司的帳單金額無誤。不過我隻字不提那張帳單，只解釋我登門求見是為了要找出公司做了什麼事，或是做錯了什麼事。

❷**承認錯誤**：我清楚表明，一定會一字不漏地聽完顧客說明，過程中絕對不會提供任何意見。我還告訴對方，我們公司不是完美無缺的。

❸**讓對方當主角**：我會再三保證，我只關心他的車輛狀況，而且全世界沒有人會比他更了解愛車，就這一點而言，他的意見有絕對的權威性。

❹**耐心傾聽**：然後我讓他暢所欲言，專注地洗耳恭聽，並展現出同理心。

❺**訴求「誠實」的高尚動機**：最後，當顧客情緒平復以後，我嚴正聲明將會以公平公正的手法處理整件事。我的手法是訴求高尚動機。我說，「你沒有錯，卻被我們的客

戶代表惹得滿肚子火，我在此鄭重向你道歉。**你的態度公平、耐性十足**，所以我想要請你幫我一個忙，請你協助核實各項明細金額完全沒問題，我相信你一定會做得比任何人還要好。我知道我會將這張帳單放心交給你，你怎麼說就怎麼辦。」

對方核實帳單了嗎？那還用說，而且還樂在其中。這幾張訂單的金額約莫介於一百五十美元至四百美元之間，有顧客藉機謀取私利嗎？當然還是有，不過只有一名！其中有位顧客堅持一項明細搞錯了，連一毛錢都不願意付；不過其他五名顧客倒是爽快地付清欠款！最精采的後續發展是，在兩年內，這六名顧客還都分別向我們公司買新車！

「經驗教會我，」湯瑪士說，「調停唯一的方法就是假設對方是誠實的人，一旦他們證實自己無辜，就會很急著想要把錢繳清。換個直白的說法，人人都很誠實，而且願意清償債務，例外個案畢竟是少數。而且我相信，那些存心欺騙的人，如果他們感覺到你認為他們是誠實的，多數情況下他們也會迎合你的期望，而非辜負你的信任。」

建立有效溝通準則十九：訴求高尚動機。

卡內基魅力學 19

改變他人意志，
從激發崇高動機著手！

- 一般人做了某件事，通常是出於兩種理由：一種是口中的高尚理由，另一種才是真正的動機。
- 所有人都是理想主義者，喜歡思考崇高的動機。因此，如果想改變別人，就請試著賦予他高尚的動機。
- 調停紛爭的唯一方法，就是假設對方是誠實、值得信賴的人。一旦他感覺到自己受到信任，他就會迎合你的期望，而非辜負你的信任。

第二十章

展現演技

用「戲劇化」的方式增強說服力

老闆／客戶總是
不把我的提案放在眼裡，
我的努力總是遭到忽視……
一般人
好的想法要有好的包裝。
同樣的內容，但採用「戲劇化」
的手法說明，就能立刻引起
對方的重視！
卡內基

這是個表演時代，用「戲劇化」的方式表達理念才能深植人心

許多年前，美國《費城晚報》（*Philadelphia Evening Bulletin*）遭到惡意中傷，有一則謠言在城內四處流傳，告誡各大廣告商說，《費城晚報》刊登太多廣告、太少新聞，所以讀者再也不想要看這家報紙了。在這種情況下，社方有必要立即採取行動，設法阻止流言蔓延。

但是，該怎麼做才好？以下就是社方的做法：

《費城晚報》將一天中各版面刊登的新聞閱讀資料剪下來，然後編輯成書，取名為《一天》。這本書共有三百零七頁，和一般精裝的硬皮書差不多厚！卻是《費城晚報》在一天內提供給讀者的資訊。更重要的是，這份晚報不是賣幾美元，而是幾美分而已。

這本書的印刷品質具體表現出《費城晚報》的新聞閱讀資料豐富、新鮮有趣；這個方法也遠比做幾十頁滿版的追蹤報導更讓人印象深刻。

我們置身戲劇化的時代。光只是平鋪直敘早已不夠，表達真相的手法必須更生動、更有趣，因此你必須發揮藝人的工夫。電影這樣演、電視也這樣播。所以，如果你想要贏得他人的注意，就得展現演技。

電視廣告到處充斥著採用戲劇化手段販售產品的例子。例如：某一牌的香皂或洗衣

粉如何把一件油膩膩的襯衫洗乾淨，但另一種牌子卻還是看得見殘留汙漬。櫥窗展示專家也很明白發揮「戲劇化」的驚人效果。舉例來說，有一種新式老鼠藥的製造商，會特別將兩隻活生生的老鼠放進櫥窗展示品中，大家一看到老鼠，當週銷售立馬比平時激增五倍。

所有的表演都是為了要戲劇化地表現出產品本身的優點，而且這類做法確實是能夠激起一般人的購買欲。

想要贏得他人注意，就得展現演技

你可以把心中的戲劇化想法應用在商業或生活上，而且其實很簡單。

印第安納州米夏瓦卡市（Mishawaka）的吳爾芙（Mary Catherine Wolf）遇到工作上的問題，必須找老闆討論，卻接到老闆當週公務纏身的回覆，要她去找祕書另外安排晚一點

擁有好人緣的智慧 20

溝通不能只靠單調的「說話」，加入「戲劇化」的表演，對方才會想聽你說話。

的時間。祕書向她暗示，老闆的行程十分緊湊，但她會試圖為瑪莉擠出會面時段。

吳爾芙形容後續發展：

「我整個星期都沒有聽到她捎來隻字片語。每當我問起進度，她都會搪塞我一些老闆沒空見我的理由。一直到了星期五上午，我還是沒有得到確切回覆。但我真的很想趕在週末之前當面找他討論我的問題，於是我自問，怎樣才能讓老闆願意和我面談。

「最後我採用的方法是寫下一封措辭正式的信函給老闆。我在信中暗示，我完全理解，這一整週以來他簡直是忙瘋了，但我想要和他面談的要求也很重要。我在這封信函裡還額外放進一張寫上自己名字的回函，請老闆交代祕書填好回函，再回寄給我。這封回函是這麼寫的：

> 吳爾芙小姐：
>
> 我將於　年　月　日，上午／下午　點撥冗　分鐘與妳會談。

「我在上午十一點左右將這封信放進他的公文匣；到了下午兩點，我就在自己的信箱裡看到那張寫著自己名字的信封。他指示可以在下午撥出十分鐘與我面談。我去見他時，雙方談了一個多小時。我的問題終於解決了。

「如果我沒有採用這種戲劇化的方式，讓他知道我真的很需要見他一面，很可能到現在我還在等候通知。」

想法用「說」的絕對不夠，用「演」的才能換來重視

詹姆士・B・伯恩頓（James B. Boynton）服務的公司剛剛幫一個潤膚霜領導品牌完成一份市場調查，必須立即提供市場競爭程度的數據資料。在所有金主中，這家客戶是規模最大、也是最難纏的龍頭之一。

但是他打從一開始就備受挫折。

「第一次進入他的辦公室時，」伯恩頓解釋，「我發現自己偏離主題，和客戶討論沒什麼用的研究方法。於是他對我大吼大叫，然後我也不甘示弱回嘴。他直指我說錯了，但我卻試圖證明我是對的。

「最後我吵贏了，心裡洋洋得意，但是我的時間也到了。面談結束，我卻完全沒有產出成果。

「第二次見面時，我不再費事搞那些數據和資料，直接去找主事者，然後我採用戲

劇化的手法呈現事實。

「我走進他的辦公室時，他正忙著講電話。他一擱下電話，我馬上打開公事包，拿出三十二瓶潤膚霜放在他桌上。這些全是他的競爭對手的產品，他很清楚。

「每一瓶，我都在瓶身上貼上一張小紙條，上面寫著簡短、帶有戲劇化效果的文字，標示這瓶產品的市場調查結果。

「結果我們不再吵架了。這種做法展開了全新、與眾不同的局面。他拿起第一瓶，然後又換第二瓶，仔細閱讀標籤上的資訊，我們就此開展一段友善的對話。他問了許多額外的問題，顯然十分感興趣。他原本只打算給我十分鐘做簡報，但十分鐘過去了，二十分鐘、四十分鐘也都過去了，甚至一個小時過後我們還是聊得起勁。

「我前後向他報告兩次，準備的內容一模一樣，但這一次我採用戲劇性手法，所以結果就大不相同。」

建立有效溝通準則二十：戲劇化地表現你的想法。

卡內基魅力學 20

以「戲劇化」的說明，讓訴求更清晰！

- 我們置身戲劇化的時代。光只是平鋪直敘早已不夠，表達想法的手法必須更生動，才能引起對方的注意力、激發購買欲。
- 好的想法要有好的包裝。同樣的簡報，同樣的內容，但採用「戲劇化」手法，結果就會大不相同。

第二十一章

鼓勵競爭

挑起「贏過別人」的欲望，就能提升團體士氣

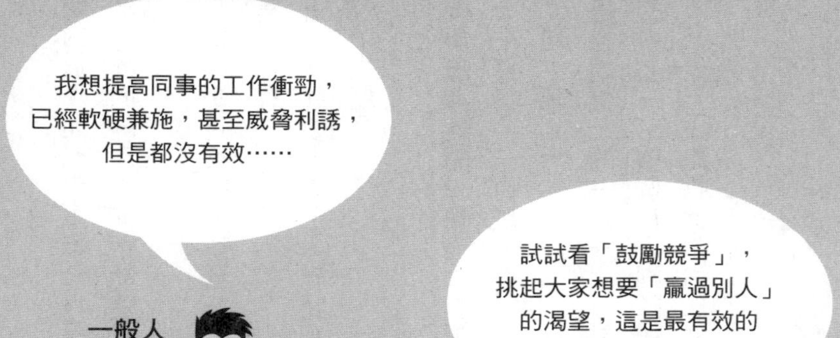
我想提高同事的工作衝勁，
已經軟硬兼施，甚至威脅利誘，
但是都沒有效……
一般人
試試看「鼓勵競爭」，
挑起大家想要「贏過別人」
的渴望，這是最有效的
激勵手法！
卡內基

挑起「克服挑戰」的欲望，激發部屬充滿幹勁

查理斯．施瓦布轄下有一位廠長，老是無法要求廠內員工達成規定的每日產量。

「這是怎麼一回事？」施瓦布問廠長，「像你這麼能幹的經理為何不能達成預定的工廠生產量？」

「我也實在不明白，」廠長回答，「我已經好說歹說、軟硬兼施，甚至祭出降職、開除處分威脅他們，可是沒有一招管用。他們就是不肯好好幹。」

他們倆在傍晚時展開這番對話，再過一會兒，晚班人員就要上工了。施瓦布請廠長給他一支粉筆，然後走向離他最近的員工問：「今天燒了幾爐？」

「六爐。」

施瓦布沒有應聲，直接在地板上寫下「六」，然後便起身離開。晚班人員上工時，看到地上的「六」，便隨口問什麼意思。「大老闆今天來巡察，」白班人員說，「他問我們今天燒了幾爐，我們說六爐。他就拿粉筆在地板上寫下來。」

隔天一早，施瓦布又進工廠巡視。晚班人員已經擦掉地板上的「六」，改寫一個大大的「七」。等換班後，日班人員也看到地板上大大的「七」。整個日班團隊卯起來幹活，當他們和晚班交接時，已經寫下一個大得出奇的「十」。從此產量開始往上提升。

很快地，這家原本產量遙遙落後的工廠反而搖身一變成為遙遙領先的龍頭。

他們是怎樣了？

套一句施瓦布自己的話說就是：「把事情做好，」施瓦布說，「就是要鼓勵競爭。我不是指那種不擇手段的賺錢方式，而是一股想要贏過別人的欲望。」

贏過別人的欲望！戰勝挑戰的欲望！對胸懷大志的人來說，這是最有效的激勵手法。

引發「自我挑戰」的本能，創造個人成就的巔峰

「人人都會恐懼，但是勇者會擺脫恐懼，繼續向前邁進。最終也許會走向死亡，但多半都是邁向成功。」這是古希臘先賢哲人的睿智之語。還有什麼情感會比戰勝恐懼更具有挑戰性？

如果你用盡辦法，仍無法說服他人，不妨試試這一招——「鼓勵競爭」。引起部屬超越對手的欲望，這是最有效的激勵技巧。

當艾爾．史密斯（Al Smith）尚擔任紐約州長時，他也遭逢同一情況。位於惡魔島西岸的星星監獄是當時最惡名昭著的拘禁所，亟需一名典獄官，但全州各地都在謠傳，關在此處的犯人兇狠無比，隨時都可能賠上性命。史密斯需要一位堅毅勇敢、具備鋼鐵意志的人治理星星監獄。但誰能勝任呢？

他請新漢普頓的路易士．E．洛伊斯移駕商談。「若派你去掌管星星監獄如何？」史密斯神情愉悅地問洛伊斯，「他們需要經驗豐富的人坐鎮。」

洛伊斯一整個驚呆了。他了解星星監獄的危險性。而且這門差事算是政治任務，隨時會受到反覆無常的政治變化左右。典獄官來來去去，曾經有人只做了三週就不幹了。他要考慮自己的終生職涯，這份工作值得他冒險嗎？當時，史密斯目睹他猶豫不決的模樣，往後方椅子一躺笑著說：「年輕人，如果你很怕，我不會怪你。那裡的確不是人待的。非得是藝高膽大的人，才扛得起這項重責大任。」

你看看，史密斯下了一道戰帖，是不是？洛伊斯上鉤了，因為這句「**藝高膽大**」的人才扛得起重任的話，聽起來實在太順耳了。

於是他上任了，而且一待就是好多年，而且因此成就人生職涯中最輝煌的時代。他的著作《星星監獄兩萬年》（*20,000 Years in Sing Sing*）狂銷數萬本，就連職涯中的點點滴滴都被拍成好幾部電影；他對罪犯的「人道化」見解更造就許多監獄改革的奇蹟。

讓人樂於工作的原因，只有「工作本身」

美國知名汎世通輪胎與橡膠公司創辦人哈維・S・汎世通（Harvey S. Firestone）說，**「我從來就不覺得，光是不斷開出高薪就能延攬或挽留優秀人才。我想，工作本身足夠有吸引力才是重點。」**

偉大的行為科學家菲德烈・赫茲伯格（Frederick Herzberg）亦有同感。他在研究中發現最能讓人充滿幹勁的工作因素，不是金錢、良好的工作條件、額外福利，而是「工作本身」。**如果這項工作有趣、好玩，員工自然就會充滿期待與幹勁，並且全力以赴。**

每一位成功人士都熱愛工作本身帶有挑戰，這反映出每個人心中都有一股想要超越他人、自我感覺重要的渴望。

建立有效溝通準則二十一：提出挑戰。

卡內基魅力學 21

善用對方的「競爭心理」，達成自己的目標！

- 對胸懷大志的人來說,「贏過別人」的欲望！「戰勝挑戰」的欲望！是最有效的激勵手法。

- 延攬優秀人才的關鍵，不是金錢、良好的工作條件、員工福利，而是挑起他心中「想要超越他人」、「自我感覺重要」的渴望。

第四部

成為領導人必備的九大溝通技巧

在職場中，最難的往往不是做事，而是待人，也就是經營人與人的關係。身為領導者，不僅要不斷提升團隊的經營績效，同時還要營造充滿樂趣的工作環境，因此，卡內基將在本章教導所有領導者，如何在施加「壓力」和維持「樂趣」之間維持平衡，溝通順利了，做事自然更無往不利！

成為領導人必備的九大溝通技巧

技巧1 批評前先誇獎，並真誠讚賞。

技巧2 間接讓別人注意到自己錯了。

技巧3 先承認自己的錯誤，再開口批評別人。

技巧4 用詢問取代命令。

技巧5 給對方留點面子。

技巧6 稱讚他人最微小的進步。

技巧7 賦予對方一個美德功課，讓他為此而努力。

技巧8 多多鼓勵，讓錯誤看起來容易修正。

技巧9 讓別人開心地遵照你的建議做事。

第二十二章

先讚美再批評

糾正錯誤但不傷害自尊的批評法

有件重大事項我非得
告誡對方不可再犯，
但直接批評一定會有反效果，
我能怎麼做呢？
請先讚美再批評，
用讚美包裹有攻擊性的言詞，
替對方保留面子！
一般人
卡內基

先讚美，再批評

如果你非得矯正對方錯誤，請用這一招：批評前先讚美對方。

在美國前總統凱文．柯立芝（Calvin Coolidge）任內，我有個朋友獲邀週末時造訪白宮。他走進總統的私人辦公室時，正好聽到柯立芝對在場一名女祕書說：「妳今天早上穿的這套衣服很漂亮。襯托出妳是一名非常有吸引力的年輕女性。」

這句話或許是柯立芝總統畢生以來對祕書所說過最直白的讚美。由於事發突然、毫無預警，一頭霧水的祕書馬上漲紅臉。接著柯立芝馬上就說：「先別得意。我剛剛那番話是想讓妳開心一下，但是從現在起，我希望妳在使用標點符號時要特別留心。」

他這一招或許有些太明顯了，不過就應用心理學的原理來說卻稱得上高竿。**我們先聽到一番讚美後，接著就比較容易接受批評了。**

林肯用讚美包裹逆耳忠言，替對方保留面子

美國前總統亞林肯畢生有一封信最廣為人知，那就是寫給畢斯貝夫人（Mrs. Bixby），

批評前先讚美，可以化解被批評者的對立情緒，讓他樂於改正，輕鬆達到你的預期效果！

表達哀悼對方的五名兒子全數在戰場上為國捐軀之情。知名度第二高的信件僅花五分鐘草草寫就，這封信是林肯在美國內戰最黑暗的時期寫給喬瑟夫．虎克將軍（General Joseph Hooker）的，信中林肯用心良苦地試圖改變虎克將軍桀傲難馴的性格。

這封信可以看得出來，**林肯也是先讚揚對方的優點，才批評對方犯下的致命錯誤。**而且，林肯沒有直接戳破虎克將軍阻撓同僚、質疑長官的錯誤，而是更保守、婉轉地寫：「我確實對你的某些做法感到不滿。」真是圓融得體的外交辭令！

林肯致喬瑟夫．虎克將軍的原信如下：

> 我任命你為波多馬克司令是依據充分的理由。但是我覺得你最好知道，我確實對你的某些做法感到不滿。
>
> 我相信你是一位驍勇善戰、技巧純熟的軍人，我非常欣賞這種特質。你對自己非常有信心，這非常難能可貴。你擁有雄心壯志，若是能不逾越常規就是有益無害的；但我覺得，在伯恩賽將軍統御軍隊期間，你任憑野心膨脹，全力阻撓他，就這點而言，

你的所作所為危害全國，也傷害了這位功勳卓著、備受尊敬的戰友。

我非常擔憂，你質疑長官的風氣會在整支部隊中迅速蔓延，最終反撲向你，讓你自食惡果；為此，我將傾盡全力協助你，不讓這類風氣在軍隊裡越演越烈。

現在，請留意勿再魯莽行事，而是保持高昂鬥志、警醒精神，向前邁進，為全國同胞贏得勝利。

「正面批評」永遠比不上用讚美「側面提醒」

你既不是柯立芝，也不是林肯，你想知道，這種哲理在日常商業上真的對你有用嗎？讓我們來看看費城華克公司的W．P．高伍（W. P. Gaw）的例子。

華克公司在費城承包興建一棟辦公大廈，合約規定必須在某個日期之前竣工。原本工程每一處環節都進行得很順利，但是突然有一天，外牆青銅裝飾品的承包廠商竟說無法如期交貨，這會讓整棟大樓的進度停頓下來，造成拖延違約！

來來回回的長途電話都只是在爭論！根本沒有解決問題。然後，高伍被派去紐約和對方當面理論。高伍先花了幾分鐘和承包商總裁閒聊他特別的姓名。當總裁說完了，高伍就稱讚起對方的工廠規模宏偉，「這絕對是我見過最乾淨、整潔的青銅工廠。」「我把這輩子全用來打造這項事業，」承包商說，「它真的是我這一生的驕傲。你想不想要我帶你繞一圈參觀一下？」

在參觀工廠的過程中，高伍誇獎對方的生產系統，並指出它比競爭對手厲害的地方。到那時，高伍還是隻字未提自己此行的真正目的。

午飯過後，承包商說：「現在，讓我們談談正事吧。我自然知道你為什麼要跑這一趟，但原本並不期待會聊得如此投機。你可以帶著我的承諾向費城總部回報，就算我讓其他家的訂單耽擱了，你們家的產品一定會準時生產完畢、裝箱送出。」

高伍完全不曾開口向對方討，貨品卻準時送達。要是他也和其他人一樣採用棍棒齊下的手段，有可能看見這樣的完滿結果嗎？

一開口就先讚美，就好比牙醫動手術之前先使用局部麻醉劑。雖然病人感覺牙鑽在口腔裡震動，但局部麻醉劑正有效幫他緩解疼痛。這是身為領導者應該學會的本事！

建立有效溝通準則二十二：批評前先誇獎，並真誠讚賞。

卡內基魅力學 22

用讚美包裝批評，是領導者必備的本事！

- 如果你非得矯正對方錯誤，請用這一招：批評前先讚美對方。
- 任何人都要先聽到真誠的讚美，才更容易接受批評。

第二十三章

間接提醒

絕對不會遭到記恨的批評術

先讚美後批評
的確可以降低攻擊性，
但是碰到特別敏感的人，
批評還是會傷到他的自尊……
一般人
面對受不了直接批評的人，
我會改用間接提醒、暗示的方法，
讓他們注意到自己的錯誤。
卡內基

更委婉的批評技巧：以「而且」代替「但是」

許多人一開口會先讚美他人，然後話鋒突然轉成「但是」，接著就是一連串以批評收尾的論述。舉例來說，我們若想改變兒女粗心大意的學習態度，一開始可能會說：「強尼，我們真心為你這學期成績進步感到驕傲。**但是**，如果你可以在代數這一科多花點心思，你的成績肯定會比現在看到得更好。」

在這種情況下，強尼可能一開始會樂得飄飄然，直到他聽到「但是」，他就會開始質疑，前面那一大段讚美都是虛情假意嗎？對他來說，**前面的讚美好像只是在為後面的批評鋪路**。父母採用這種措辭方式不僅有損讚美的可信度，也可能無法改善強尼的成績。

如果父母把「但是」改成「而且」，這個問題或許輕易地就能迎刃而解，比如說：「強尼，我們真心為你這學期成績進步感到驕傲。**而且**，你要是下學期繼續這麼認真努力的話，代數成績一定會和其他科目一樣上升。」

這樣，強尼才會真心接受父母的誇獎，因為後面的句子不是批評。我們已經**間接地**讓他了解父母希望他有所改變，他願意嘗試滿足我們期待的機率就會提高。

用間接的「行為提醒」，取代直接的「言語批評」

對生性敏感的人來說，間接提醒他們注意自己所犯的錯誤，是一種非常管用的做法，因為他們受不了直接批評，可能會心生憎惡。

查理斯．施瓦布就是擅長間接提醒他人錯誤的智者。某天中午，施瓦布行經某一座鋼鐵工廠，巧遇幾名員工正在抽菸，但他們的頭上卻張貼著一張「禁止抽菸」的告示牌。施瓦布是否舉手直指告示牌警告：「你們是不識字嗎？」

他才不會這樣做。他走到這群人身邊，遞給每個人一支雪茄然後說：「老兄，要是你們可以到外頭去抽，我會很感謝。」這群人心知肚明自己違反規定，卻很佩服施瓦布，因為他一句重話也沒說，反而還給每人一支雪茄當作見面禮，讓他們自我感覺重要。待人處世這麼圓融的人，你能不喜愛他嗎？

百貨商店之父約翰．華納梅克也採用相同手法。華納梅克每天都會巡視百貨公司，有一次他看到一名女客人在櫃檯前枯等，卻沒有人招呼她。門市銷售人員上哪兒去了？

擁有好人緣的智慧 23

如果對方生性敏感，你又非批評不可，不妨使用旁敲側擊的方法，間接指出錯誤，減少傷害對方自重感的力道。

啊，華納梅克看到了，他們都窩在櫃檯遠處一角談笑風生。華納梅克不發一語，靜靜地走進櫃檯招呼女客。然後他把產品交給售貨員包裝後，就轉身離開。

糾正錯誤：聰明的人用「暗示」，愚蠢的人用「批評」

一八八七年三月八日，美國牧師及演說家亨利・華德・畢奇（Henry Ward Beecher）逝世。當週的星期天，教育學家萊曼・亞培（Lyman Abbott）獲邀到畢奇的葬禮演講。亞培一心求好，不斷塗塗改改講稿內容，就像法國知名小說家福婁拜一樣字斟句酌。然後，他對著妻子朗誦演講稿。結果糟透了。

如果亞培的妻子是那種一根腸子通到底的人，很可能會直說：「萊曼，你的講稿聽起來像是在唸百科全書，肯定會讓全場聽眾昏昏欲睡。你都已經上台演講這麼多年，應該能寫得比這份講稿更好才對啊。我的老天爺，如果你真的唸完這份講稿，那可真是丟盡自己的臉。」

如果她真的這麼說，你絕對猜得到後果是什麼，她自己也猜得到。所以，她只是平淡地說，這篇文章很適合發表在《北美評論》（*North American Review*）。換句話說，她既稱讚了這篇文章，卻又巧妙暗示，這份文稿用在演說實在不太妥當。萊曼·亞培馬上心領神會，撕掉嘔心瀝血寫成的手稿。

這些故事在在告訴我們，糾正他人錯誤的有效之道，就是間接讓別人注意到自己錯了。

建立有效溝通準則二十三：間接讓別人注意到自己錯了。

卡內基魅力學 23

聰明人用「暗示」來指正錯誤！

- 讚美後再批評，會讓某些人開始質疑讚美的可信度，無法達成預期的糾正和安撫效果。
- 對生性敏感的人來說，「間接提醒」、「暗示」他們注意自己所犯的錯誤，才是比較適切的做法。

第二十四章

這樣罵才對

先分享自己的錯誤經驗，再責備

除了「讚美」和「間接提醒」
之外，還有沒有其他辦法，
可以讓批評不那麼刺耳？
一般人
試試看責備他人前，
先謙虛地分享自己
曾經犯過的錯誤，
再指出對方的過失！
卡內基

先分享自己的缺點，再指正他人的錯誤

——讓人平心靜氣接受責備的祕訣

假使我們能在批評對方之前，先謙虛地承認自己不是完美無缺的，之後再指出別人的錯誤，就能讓批評不那麼刺耳了。

我的侄女約瑟芬·卡內基從中學畢業三年後，到紐約來當我的祕書，但那時她的工作經歷幾乎等於零。現在，她堪稱全美國最稱職祕書，可是回顧當年剛起步時，她真的是……我只能說，有很大的進步空間。

有一天，當我快要破口責罵她時，我趕緊對自己說：「卡內基，閉嘴一分鐘。只要一分鐘就好。想一想，十九歲的時候你都在幹麼？記得那時你幹過哪些糗事嗎？」我誠實地把事情想過一遍後，歸納出一項結論，十九歲的約瑟芬能力其實比同年齡的我高得多，而且我實在很不好意思承認，我並未給她足夠的讚美。

從此以後，每次我想要提醒約瑟芬她犯的錯誤時，都會這樣起頭：「約瑟芬，妳這樣做可能不對，不過妳比我在妳這個年紀時強多了。我那時幹下一大堆蠢事，所以其實沒什麼資格批評任何人。只是妳不覺得，如果妳能這樣做，會比較明智一點？」

先說自己的錯誤再責備，責備之後再讚美，
就能讓人心平氣和地反省自己，工作起來更賣力！

採取「讚美＋責備＋讚美」的三明治策略

早在一九〇九年，老練的德意志帝國比洛親王（Prince Bernhard von Bülow）就已經察覺到，採用「先讚美，再批評」這種做法有其必要。比洛親王是當時的德國總理，在位者則是不可一世、傲慢自大的威廉二世。

有一次，威廉二世發表了一些驚世駭俗的言論，撼動整個歐洲大陸，甚至在全世界產生爆炸性的影響。他在媒體專訪中聲稱，自己是全國唯一對英國友好的德國人；也說他正在打造一支海軍，以便對抗日本；還有，他號稱單憑一己之力，就可以將英國從蘇聯和法國的手中解救出來。

對此，英國皇室怒不可遏，德意志帝國的政治家則是提心吊膽。搞出這麼一個爛攤子的德皇這時才慌了手腳，頻頻向首相比洛親王暗示，要他出面當代罪羔羊。

比洛親王沒有同意，他抗議說，「但是陛下，無論是德國還是英國，根本就不會有人相信我有這般能耐，唆使陛下說出這番話呀。」

話才一出口，比洛親王馬上意識到自己犯了天大錯誤。德皇勃然大怒。

「你當我是豬頭，是吧，」德皇咆哮，「你的意思是，你絕不會像我一樣犯下這般愚蠢的錯誤！」

比洛親王知道，他應該先褒後貶，不過既然為時已晚，他乾脆直接反過來，**剛剛才批評完對方，馬上補上讚美之詞**。果然，奇蹟出現了。

「我絕對不是這個意思，」他恭恭敬敬地回答，「陛下各方面的學識都比我淵博，每當陛下解釋氣壓計、無線電報或是X射線的原理時，我總是萬分欽佩地聆聽指教。不像我對自然科學完全一竅不通，連一丁點物理或化學的常識都沒有。」

比洛親王極盡所能地拍馬屁，德皇不禁笑逐顏開，一筆勾銷稍早的罪過。

「我不總是告訴你，」他愉快地大聲嚷嚷，「我們倆就是最佳搭檔？我們應該要團結一致！」他甚至握緊拳頭，激情萬分地高喊：「誰敢在我面前說比洛的壞話，我肯定一拳揍扁他的鼻子。」

比洛及時救了自己的一條小命，但是，他還是犯了大錯：他應該先批評自己的缺點，再讚美威廉二世的優點，而非一開口就暗示德皇智力不足。

如果幾句批評自己、讚美對方的話，就能把傲慢無禮的德皇變成忠實夥伴，想像一

下，謙遜和讚美能在日常生活裡發揮多大的作用。如果運用得當，你就能在人際關係中創造驚人奇蹟。

建立有效溝通準則二十四：先承認自己的錯誤，再開口批評別人。

卡內基魅力學 24

先說自己的缺點，讓你罵人也能罵出好成效！

- 傑出領袖都會遵循以下準則：先謙虛地承認自己不是完美無缺，再指出錯誤，讓批評不那麼刺耳！
- 批評完對方，再補上讚美之詞，可以讓人更平心靜氣地接受自己犯錯的事實。

第二十五章

用建議取代命令

這樣下指令，懶慢部屬變能幹

為什麼我的部屬總是叫不動，
「命令」到底該怎麼下，
才不會造成反抗和對立？
一般人
沒有人喜歡被指使，
同樣意思的一句「命令」，
只要經過巧妙的修飾，
就能變成「建議」，
讓人更樂於接受！
卡內基

以委婉的「詢問」，取代粗暴的「命令」

——讓對方樂於配合你的要求

我曾有幸與美國最負盛名的傳記作家艾達．塔貝爾（Ida Tarbell）共進晚餐，她告訴我，之前在撰寫美國成功企業家歐文．D．楊的傳記時，曾採訪過一位跟歐文共事三年的人，對方說**他從來沒聽過歐文．楊直接對任何人發號施令，他只會提出建議，從不下達命令**。

舉例來說，歐文．楊絕不會說「去做這個、去做那個」、「別做這個、別做那個」，而是說：「你可以考慮這麼做」或「你覺得這麼做行得通嗎？」他口述完一封信後經常會問助理：「你覺得如何？」等他過目完助理寫的信後，他會說：「如果我們把這句話修飾成這樣，可能會好一些。」他總是會提供別人自己做主的機會，絕對不會直白地要求助理如何做事，而是讓他們自由發揮，從錯誤中學習教訓。

歐文．楊使用的這種技巧，可以輕易地使一個人改正錯誤、保留面子，讓對方獲得受重視的感覺，並增進合作，而非造成反抗和對立。

所有人都不喜歡粗暴的「命令」，改用「詢問」的方式傳達意見，才能讓對方更樂於接納！

「命令」容易激發反感，造成反效果

粗暴的命令會招致憎惡，即使命令的初衷是要糾正明顯的錯誤，對方的憤恨仍會久久難以平復。賓州懷俄明市中學教師丹・聖塔瑞利（Dan Santarelli）與全班學員分享一件事：他的一名學生違法停車，堵住了學校大門入口的道路。一名教師氣呼呼地走進教室，傲慢地問：「是誰的車子堵住車道？」那個學生回答後，教師大吼：「現在就給我移走。不然我會拿一條鐵鍊把它拖走。」

結果從那天起，不只是那位學生恨死了那位老師，班上所有學生只要找到機會，就會惡搞他，讓他做得很不快樂。

學生的確有錯在先，但是換一種方式處理會怎樣？要是他好聲好氣地問：「誰把車子停在車道上？」然後用建議的語氣說，如果可以移開的話，其他車子進出就方便多了。學生肯定樂於照辦，誰也不會因此懷恨在心。

用「建議」取代「命令」，可以讓管理獲得合作和尊敬！

提問不僅可以讓命令聽起來更順耳，還能激發對方的創造力。如果每個人都可以成為決策圈的一員，大家就會比較願意聽命行事。

來自南非約翰尼斯堡市的伊恩·麥當勞（Ian Macdonald）是一位總經理，掌管一家小型精密機械零件的工廠。有一次他接到一筆超大訂單，但是大家都告訴他無法在指定日期內依約交貨，因為廠內的生產線早就排滿了，根本不可能接單完工。

他並沒有死命催趕下屬加速工作、用力趕件，而是召集全體員工，告訴大家要是他們真的能夠接下這筆訂單，對公司和對每個人具有多麼重大的意義。

他從提問開始：

「我們有什麼辦法可以完成這份訂單嗎？」

「有沒有誰可以想出其他辦法，克服目前生產流程上的困難，讓我們接下這張訂單？」

「有沒有辦法調整大家的工作時數和人員安排，來解決目前的問題？」

全體員工集思廣益想出許多點子，並且都堅持他必須要接單生產，大家都展現出一種**「我們辦得到」**的態度。於是單子敲定了，他們也依約生產、交貨了。

這正是一位高效的領導者，懂得如何鼓舞員工的最佳例子。

建立有效溝通準則二十五：用詢問取代命令。

卡內基魅力學 25

善用「建議」，讓員工交出成果、而非交出藉口！

- 用「建議」取代「命令」，可以輕易地讓人改正錯誤、獲得受重視的感覺，並增進合作，而非造成反抗和對立。
- 粗暴的命令會招致憎惡，即使命令的初衷是要糾正明顯的錯誤，對方的憤恨仍會久久難以平復。
- 提問不僅可以讓命令聽起來更順耳，還能激發對方的創造力！

第二十六章

顧全他人面子

EQ高的人，都這樣說話！

我常常忍不住
在公開場合指責部屬，
結果總是弄得兩敗俱傷……
一般人
保住對方顏面
是非常重要的人際相處原則！
你應該在表達自己的想法後，
適時加上幾句關心和安慰。
卡內基

談話、行動都要顧及他人面子

保住對方顏面是極重要的人際相處原則！但很少人願意停下來花點時間想一想。我們會蹂躪他人的情感、不留情面、挑三揀四、動不動威脅恫嚇、當眾批評孩童或員工，完全沒有想到是否會傷害到對方的自尊。其實，我們只要花個幾分鐘想想，加上一、兩句貼心的安慰、真誠理解對方觀點，就可以很大程度的減少對他人自尊的傷害！

多年前，通用電氣公司必須處理一件棘手的事情：撤換查理斯．史丹梅茲（Charles Steinmetz）會計部門主管的職位。天才科學家史丹梅茲堪稱電學領域的第一把交椅，掌管會計部門後卻成為第一號魯蛇。但是，因為他是不可多得的人才，所以全公司都不敢得罪他。

於是，公司派給他一個新職位，讓他擔任通用電氣顧問工程師，這樣他既能發揮所長，公司又能另派人才取代會計部門主管的職務。

史丹梅茲樂於遵命。通用電氣的管理階層也很滿意。雙方在你情我願的前提下調動一位性格古怪的明星員工，由於保住對方的顏面，所以沒有掀起任何風暴。

重視尊嚴是人類的天性，
即使雙方的意見不同，也請記得捍衛對方的顏面。

保全他人的自尊，才能獲得對方的尊重！

下一回，當我們需要辭退幫傭或雇員時，請記得保住對方顏面。

以下我引述會計師馬歇爾．A．格蘭杰（Marshall A. Granger）寄來的信：

「開除員工一點也不輕鬆，被開除的人更是笑不出來。我們會計業務是最能反應淡、旺季的產業，因此每一次報稅高峰結束後都得辭退一批員工。

「我們這行有一句話是這麼說的：沒人喜歡當壞人。結果大家就漸漸養成一種速戰速決的習慣，通常我們會這樣起頭：『史密斯先生，請坐。報稅旺季已經結束，我們似乎也找不到適合你的任務。當然你也明白，當初就是因為報稅旺季需要人手，我們才請你來幫忙……』這些話聽在對方耳裡，會產生失望與『被遺棄』的感覺。

「因此我決定，**在辭退季節性雇員時，加入一些技巧與體諒**，我會這麼起頭：『史密斯先生，你的工作表現很出色。你被派到紐華克經辦一樁十分艱難的任務，辦得有聲有色。你很有才幹，無論進入什麼公司都能大展鴻圖。公司很感激你，希望你明白。』

「結果如何？對方離開時心裡的感受會比直接開除好多了。他們不再覺得被『遺棄』。當我們下一次旺季又需要他們的時候，他們還會帶著稍有私交的感覺回來。」

「激勵」比「指責」更能激發全力以赴的決心

在某一期培訓班中，有兩名學員討論了挑剔錯誤產生的負面效應，以及保留對方顏面產生正面效應的例子。

賓州哈利斯堡（Harrisburg）的傅瑞德·克拉克（Fred Clark）講述公司內部的一樁衝突：「在某一次生產會議上，一位副總裁衝著生產線主管提出非常尖銳的問題，語氣咄咄逼人，被指責的一方不想在同僚之前顏面盡失，於是再三推諉，惹得副總裁大暴走，當面批評這名主管鬼話連篇。

「就算雙方之前的關係再好，也完全毀於一旦了。生產線主管基本上是模範員工，但從此以後就被打入黑名單。幾個月後，他離職投效競爭對手，聽說頗獲重用。」

另一名學員安娜·馬佐妮（Anna Mazzone）也舉出類似的例子，但因為處理手法大相逕庭，所以結果完全不同！馬佐妮是負責食品包裝的行銷專員，有一次接下新產品試銷活動的重大任務。她告訴全班學員：「當試銷結果出爐，我整個嚇壞了。我犯下嚴重錯誤，導致整套試銷活動必須從頭來過；更糟的是，我馬上就要上場簡報這項專案。

「我整個人都在發抖，耗盡全身力氣硬撐著不倒地。我簡短地闡明事情的來由，坦承自己犯錯，並保證會在下次開會前重新報告一次。然後我回座，等著上司飆罵。

「但是老闆沒有說一句重話，反而感謝我的努力付出，並安慰我，第一次接手新專案就出錯是家常便飯，而且他相信我重做調查一定會力求精準，產出對公司意義重大的發現。他在所有同事面前肯定說，他對我有信心，知道我已經全力以赴。

「我抬頭挺胸走出會議室，下定決心絕對不會再度辜負上司對我的信任。」

即使我們能肯定自己是對的、別人是錯的，一旦讓對方顏面盡失，就會摧毀他的自尊心。法國航空先鋒、《小王子》作者聖修伯里（Antoine de Saint- Exupéry）曾說：「我沒有權利說或做任何讓對方感到自卑的言語或行為。我怎麼看待他都不重要，他如何看待自己才重要。傷害他人自尊是一種犯罪。」

建立有效溝通準則二十六：給對方留點面子。

卡內基魅力學 26

即使立場不同，仍要捍衛對方尊嚴！

- 保住對方顏面是極重要的人際相處原則！
- 請在說話前，花幾分鐘站在對方的立場想一想，並在談話中加入貼心的安慰、真誠的理解，減低對他人自尊的傷害！
- 沒有人有權利說或做任何讓對方感到自卑的言語或行為。傷害他人自尊是一種犯罪。

第二十七章

讚美要及時

只要稍有進步，立即給予讚賞

我注意到部屬稍有進步了，
想等下一次再一起讚美，
免得讓他太驕傲。
一般人
錯了！稍有進步就要立刻讚美，
提供他持續奮發向上的動力！
卡內基

稱讚對方所有細微的進步

彼特・巴羅（Pete Barlow）是我的老友，訓練幼犬、小馬很有一套，畢生都隨著馬戲團在各地巡演。我喜歡看彼特訓練新狗的過程，也注意到，每次小狗稍有進步，彼特就會拍拍牠、給幾片肉，用力讚賞牠。

這不是什麼新把戲，幾百年來，馴獸師都使用這套方法。

我納悶的是，當我們想要改變他人的時候，為什麼不用這一招？為什麼不拿紅蘿蔔取代棍子？為什麼不以讚美取代責罵？**即使對方的進步極微小，也請一開口就讚美，因為這樣就能激勵他持續進步。**

心理學家傑斯・賴爾（Jess Lair）曾經說過：「**讚美如同撫慰人心的溫暖陽光，少了它，我們就無法像花朵一樣綻放，但是，多數人卻只給予他人寒風般的凜冽責備。**」

一句肯定及鼓勵，扭轉大文豪狄更斯的人生

我回首往日生活，發現曾有幾句鼓勵的話為我的人生帶來天翻地覆的影響。你是不

是也曾有相似的經歷？歷史上這樣的例子也不勝枚舉。

舉例來說，多年前，一名十歲小男孩正在義大利那不勒斯工廠裡幹活。他渴望成為歌星，但啟蒙老師擊垮了他的信心。「你不是唱歌的料，」他說，「你根本沒有一副好嗓子，聲音就像強風撲打百葉窗那樣難聽。」

但是小男孩的農婦媽媽卻告訴他，她知道他有唱歌的天賦，也可以看到他的進步。這些讚美與鼓勵改變了小男孩的一生，他就是義大利傳奇男高音恩里可．卡羅素（Enrico Caruso），二十世紀初最偉大的歌劇演唱家。

十九世紀初，倫敦有一名貧窮年輕小夥子立志當作家。他只念過四年書，父親又因欠債鋃鐺入獄。他對自己的寫作能力毫無把握，只敢在一片死寂的深夜偷偷溜出家門寄出文稿，以免被看到惹來訕笑。一封又一封文稿被退件，最終，有一篇文稿獲准採用，他的寫作能力獲得編輯的肯定和認同。他狂喜不已、淚流滿面。

這份認同和讚美改變了他的人生，如果沒有這份鼓勵，他可能一輩子都會沒沒無聞地待在工廠裡賣命。他就是查爾斯．狄更斯（Charles Dickens）。

即使進步極微小，也要立即給予正面回饋，增強他人更上一層樓的動機。

讚美要「真心」，描述要「具體」

當代知名心理學家B・F・史金納（B. F. Skinner）的基本教育理念，就是用讚美取代批評，他以動物實驗證明，假設我們減少批評、增加讚賞，受試者就會願意多做好事，不好的行為則會因為缺乏關注而逐漸減少。

上述理念同樣適用於職場。加州伍德蘭山（Woodland Hills）的奇斯・羅珀（Keith Roper）就在公司內部應用這套準則。他的印刷廠最近生產了一批品質精良的印刷品，出自一名新來的印刷工之手。但是主管看不慣他的態度消極，很想開除他。

羅珀了解情況後，親自走去印刷廠找年輕人聊聊。他告訴對方，自己很喜歡他剛完成的這批作品，並指出這是自己近期看過品質最精良的印刷品。他還特意分析這些印刷品好在哪裡，以及對方為公司帶來哪些貢獻。

沒過幾天，年輕印刷工的態度果然一百八十度大轉變，變成忠誠又上進的員工。

羅珀並不是空洞地奉承對方，只稱讚「幹得好」，而是特別指出對方作品中出色的地方。**就事論事地給予讚賞，對方聽在耳裡才會顯得意義重大。**

用讚美開啟人類的無限潛能

請容我再次重複：本書傳授的所有準則非得真心實踐才能發揮效用。我不是在倡議五花八門的招數，而是宣導一種全新的生活態度。

如果你、我可以激發他人有意識地找出心中潛在的寶藏，那麼我們所能做的可能不只是改變他人，我們幾乎可以形塑對方的一生了。這很誇張嗎？讓我們來看看美國史上最負盛名的哲學家、心理學家威廉．詹姆斯的智慧之語：**「我們僅運用了一小部分的生理及心理資源，和應當取得的成就相比，我們現在的狀態就像是半夢半醒。廣義地說，人類雖然擁有各式各樣的力量，但是疏於開發的領域還很多。」**

正在閱讀此書的你，也可能也因為不習慣運用自己的潛能，所以未能發揮與生俱來的諸多能力；而其中未能充分利用的能力之一，或許就是讚賞、激勵他人，讓對方有意識地找出自身蘊藏的無限可能性。

建立有效溝通準則二十七：稱讚他人最微小的進步。

卡內基魅力學 27

稱讚對方每一個細微的進步！

- 即使對方的進步極微小，也請不吝嗇讚美，因為這樣能激勵他持續進步。
- 讚美最忌諱空洞的奉承，必須就事論事、具體指出對方表現優秀的地方，才能發揮預期功效。
- 本書傳授的準則並非五花八門的話術，而是宣導一種全新的生活態度，都要「真心實踐」才能發揮效用。

第二十八章

稱讚對方尚未具備的美德

最上乘的讚美技巧

部屬不夠細心，又相當缺乏耐心，
我要怎麼做才能讓他改進呢？
一般人
請讚許他過去既細心又有耐心，
讓他為了不讓你失望，
而盡己所能地達成你的期望。
卡內基

更進一步的讚美技巧：賦予對方一個願意全力追求的美譽

如果你希望對方改善某一方面的能力，就請假定他早已具備這一項特質。英國大文豪莎士比亞曾說：「如果對方沒有某種美德，就假定他有。」你不妨相信對方已經具備你所期望的美德，並且不吝嗇讚譽他，如此一來，他就會竭盡全力維護自己在你心目中的形象。

舉例來說，昔日優秀的員工開始怠忽職守，你會怎麼做？

你當然可以開除他，但這麼做並沒有根除問題；你也可以把他臭罵一頓，但這麼做也只會引來憎恨。

印第安那州羅威爾市（Lowell）的大型卡車經銷商服務部經理亨利．漢基（Henry Henke），手下有一名技工表現不佳。漢基並沒有痛罵或威脅他，只是把他叫進辦公室，展開真心的談話。

「比爾，」他說，「你是很優秀的技工，在這一行也待很久了，許多顧客都對你讚譽有佳。不過，最近你的每一項工作，花的時間都比以前多，品質也不如以往。或許我們可以一起想個辦法改善這個問題。」

比爾回答，其實他沒有意識到最近表現低落，並向老闆保證，未來會持續改進。

比爾辦到了嗎？他肯定做到了。他又變回以前那個手腳敏捷、技術超群的技工。由於漢基給他極高的榮譽，所以他必須力爭上游，重拾往日的工作水準。

前鮑德溫機車廠（Baldwin Locomotive Works）總裁山謬・沃克倫（Samuel Vauclain）說，**「對一般人來說，如果你願意展現對他某一方面能力的尊重，他就會願意服從你的領導。」**

一句短短的讚美，讓洗碗婦麻雀變鳳凰

女高音歌唱家喬琪特・勒布朗（Georgette Leblanc）也曾經見證過讚美對方不具有的美德，所產生的驚人效果。

她在自己的著作中寫道，「隔壁飯店的女僕每天都為我送三餐。她早期是在洗碗間工作，所以被稱為『洗碗婦瑪麗』。她長得像恐龍，眼睛歪斜，又有O型腿，外貌和內

賦予對方一個美好的名譽，他就會因為不想讓你失望，而盡其所能地去實現。

在都沒有可取之處。

「有一天，她用通紅的雙手端來通心麵，我直白地對她說：『瑪麗，妳一點都不知道自己身上有多少寶貴的特質！』

「瑪麗當下愣了一會兒。接著她把餐盤放在桌上，嘆了一口氣後真心地說：『夫人，以前我絕對不相信這種話。』她完全沒有猜疑，也沒有提出問題，就這麼走回廚房，對大家重複我剛才說過的話。

「從那一天起，她或多或少得到了一定的重視。瑪麗開始相信自己身上蘊含著神奇的力量，從此仔細地保養面容和身體，重新綻放年輕光采，掩蓋了她天生的缺陷。

「兩個月後，她宣布即將和主廚的姪子共結連理。『我即將嫁做人婦了，』她告訴我喜訊，並向我道謝。一句短短讚美竟然改變了她的一生。」

喬琪特．勒布朗的大方讚譽，讓「洗碗婦瑪麗」擔起這份讚賞，從此麻雀變鳳凰。

言語上的稱讚，可以幫助他人培養出全新的美德

比爾．帕克（Bill Parker）是佛羅里達州一家食品公司的業務員，公司不久前才發表

新產品，他滿懷興奮地向當地的大型食品商廠經理推銷，但對方拒絕讓產品上架。比爾苦惱一整天不知道該怎麼辦，他決定下班回家前再去爭取一次。

「傑克，」他說，「今天早上我一離開你們公司就想到，我沒有完整地向你介紹公司的新產品，所以想請你再給我一點時間，補充上午遺漏的重點。我一向感激你願意洗耳恭聽，也很尊敬你擁有如此開放的心胸。」

傑克會再給他一次機會嗎？他為了維護自己在比爾心中的地位，當然不會拒絕啊。

古諺有云：「一個壞名聲可以吊死一個人。」那麼，幾句美言能發揮多大的影響力？未來，**如果你想改變他人的態度或行為，請試試看讚美對方原先不具有的美德，讓他為此努力，來幫助你達成艱鉅的任務。**

建立有效溝通準則二十八：
賦予對方一個美德功課，讓他為此而努力。

卡內基魅力學 28

給對方一個願意全力追求的美譽！

- 如果你希望對方改善某一方面的能力，請先假定他已經具備你所期望的美德。
- 讚美對方先天缺乏的某種美德，會讓他為了維持自己在你心目中的形象，而盡其所能地實現你的期望。

第二十九章

讓錯誤看起來容易修正

幫助他人進步的技巧

我不知道該怎麼說服團隊接下這份重大任務，大家似乎很害怕會搞砸……
一般人
請營造出「錯誤其實很容易修正」的氛圍，充分鼓勵，讓團隊知道你對大家極具信心！
卡內基

打造「修正錯誤很容易」的氛圍

——用鼓勵減低犯錯的心理壓力

如果你告訴你的兒女、配偶或員工，說他在某一方面表現愚蠢至極、毫無天分，那麼你會摧毀他們嘗試進步的動力。如果你反其道而行，充分鼓勵，並向他們保證事情其實簡單得很，讓對方知道你對他有信心、他也具備完成這件事的潛能，他就會願意全力以赴。

我有個單身朋友在四十歲左右訂婚了，他的未婚妻勸他重拾舞蹈課程。

他向我坦承，「我真的需要好好上舞蹈課，因為我的舞技就像二十年前第一次下場學舞時一樣糟糕。第一位老師說我完全跳錯了，必須把以前學的東西忘得一乾二淨，從頭學起。她讓我超沒面子，所以我一點都不想學了。於是，我辭退了她。

「第二位老師總是輕描淡寫地說，或許我的舞步有點老派，但是基本的步法還不錯，所以她保證，我不用擔心學不來新舞步。她還稱讚：『你天生就很有律動感。』老實說，我還算有點自知之明，我自始至終都知道自己只是個四流舞者。

「第一位老師強調我犯的錯誤，搞得我興致全失；但新老師卻恰恰相反，只要我做得好就不吝惜讚美，做得差她就乾脆視而不見。

讓錯誤看起來有改善的空間，並以「鼓勵」的方式管理部屬，團隊就會不斷進步！

創造「你一定辦得到」的氣氛！

人際關係大師洛威爾·湯瑪士就常採用這一招，給你自信、激勵你，讓你信心十足。舉例來說，某個週末我到洛威爾夫婦家中作客，他邀我玩一場橋牌友誼賽。橋牌？拜託，不行！不行！我完全一竅不通，橋牌對我來說根本就是個謎。不行！不行！門都沒有！

「戴爾，幹麼這麼抗拒，橋牌又沒什麼了不起，」洛威爾說，「就是用點記憶力和判斷力的遊戲。你寫過記憶力相關的文章，橋牌根本就難不倒你。來啦，絕對合你胃口。」

「要不是她再三保證我很有律動感，我肯定不會跳得像現在那麼好。她的鼓勵帶給我希望，讓我想要不斷進步。」

我根本還沒反應過來，就發現自己生平第一次坐上橋牌桌。這一切全是因為洛威爾說我天生就是好手，而且橋牌很簡單。

營造輕鬆而非嚴肅的學習環境

——腦損傷兒童靠鼓勵變獨立的勵志故事

克萊倫斯・M・瓊斯（Clarence M. Jones）是俄亥俄州辛辛那提培訓班的講師，他告訴全班學員，自己如何利用「讓錯誤看起來容易改正」這個原則，改變兒子大衛的一生。

「我兒子的成長過程一直不太順利，一九五八年，他發生車禍，前額因此留下一道怵目驚心的傷疤。直到十五歲之前，他都就讀專為發展遲緩兒童開設的特殊教育班。十五歲那年他才念到七年級，比同齡學童落後兩個年級。他不會背乘法表，手指也不靈活，閱讀能力更幾乎是零。

「不過大衛有一個優點，很喜歡組裝收音機和電視，他想要成為電視技術員。我鼓勵他朝此發展，並告訴他得先把數學念好，才能參加電視技術員培訓。

「我買下一套加減乘除的四組式卡片。每次只要大衛答對，我就會大力讚賞。只要他答對全部題目，我們就歡呼慶祝。我會請妻子進來，一起給他愛的抱抱，然後大家開始跳吉格舞（jig）。到了月底，他已經可以在八分鐘之內一題不錯地完成全部題目。

「其他的改變也接二連三地出現。他的閱讀進步神速，而且還展現出繪畫方面的天賦，甚至在辛辛那提模型競賽中得到第三名。

「他辦到了。這個被判定『腦損傷』的男孩曾經被留級兩次、被同學譏笑是『科學怪人』。自從我們幫助他發現學習的樂趣，他的人生從此由黑白變彩色。」

未來，如果你想要幫助他人進步，請謹記要勇於鼓勵，並讓錯誤看起來是容易修正的！

建立有效溝通準則二十九：多多鼓勵，讓錯誤看起來容易修正。

卡內基魅力學 29

灌注信心，打造「你一定做得到」的氣氛！

- 讓對方知道他具備完成這件事的潛能，並向他保證事情其實簡單得很，他就會願意全力以赴。
- 如果你想要幫助他人進步，請謹記要勇於鼓勵，並「讓錯誤看起來容易修正」！

第三十章

養成領導力

讓部屬樂於追隨的主管，都是這麼做！

身為主管，
團隊的績效一直不如預期，
該怎麼讓大家變得更積極？
一般人
請具體地告訴員工
「你希望他做到什麼」，
並明確點出這麼做能
「帶給他哪些好處」！
卡內基

滿足對方自重感，讓人覺得照你的意見去做「很開心」

回顧一九一五年，第一次世界大戰讓美國驚駭不已，在一年多的時間裡，歐洲各國互相殘殺，戰場上腥風血雨，死傷慘烈。誰也說不準和平之日會不會到來，但是美國前總統威爾遜卻願意放手一搏。他決定派遣一位和平大使，到歐洲與各國軍閥斡旋。時任國務卿的威廉・詹寧斯・布萊恩（William Jennings Bryan）亟欲擔任和平大使。這是名留青史的大好機會，不過威爾遜卻派遣另一個人——與他有私交的豪斯上校（Colonel Edward M. House）。

豪斯的第一項艱鉅任務，就是在不引起布萊恩憤怒的前提下，把這樁消息告訴他。「布萊恩一聽到我將出訪歐洲，失望之情溢於言表，」豪斯上校在日記中寫下這一幕，「他原本都打算要親自出馬了……

「我回答，總統認為，派任何一位官員去歐洲都不合適。要是國務卿親自出馬，勢必會引發轟動，大家都會猜想，他為什麼要去那裡……」

你看出其中的暗示了嗎？豪斯實際上是告訴布萊恩，他位高權重，所以不適合接下這份工作。布萊恩聽在耳裡，當然十分受用。

豪斯上校深諳人情世故，嫻熟應對進退之道，他做到了人際關係中一條重要的法明確告訴對方，按照你的建議做事能得到哪些好處，他肯定樂於照辦！

則：**讓別人覺得遵照你的建議做事很快樂。**

威爾遜總統在延攬威廉・吉布斯・麥卡杜（William Gibbs McAdoo）成為內閣成員時，也用上這一招，讓後者感到備受重視。

以下是麥卡杜親口敘述：「威爾遜說，他正在組建內閣，如果我願意擔任財政部長的話，他將倍感榮幸。他用一種輕鬆愉快的方式提出邀請，並製造出一種印象：如果我接受這份至高無上的榮譽，就是幫了他一個大忙。」

用一個頭銜，就能滿足部屬的高層次需求

這套「讓人們樂於照你的話辦」的手法並不僅見於政客與外交官，職場上也非常受用。

西德卡內基培訓班的學員岡特・施密特（Gunter Schmidt）在食品店服務。他說，手下

有一名員工粗心大意把產品上錯架，結果價格標籤也跟著貼錯。這種錯誤引發了混亂與顧客抱怨，兩人甚至為此公然起衝突，但是都沒有解決問題。

最後，施密特請她進辦公室，告知對方要升她為價格標籤主管，她必須負責檢查架上的產品和價格標籤是否一致。這份全新的責任與頭銜，讓她的工作表現一直非常優秀。

聽起來很幼稚嗎？也許有一點。不過，拿破崙也是這麼做的。他設計了榮譽軍團勳章（Legion of Honor），頒給一萬五千名士兵，並授予十八位將領「法蘭西元帥」（Marshals of France）的稱號，還命名自己的軍隊為「大軍團」（Grand Army）。

有人批評拿破崙根本就是發「玩具」給打仗打到心力交瘁的老兵，但他卻回答：**「人本來就受制於玩具啊。」**

拿破崙這招不僅適用在治軍，你也可以現學現賣。舉例來說，我有個朋友恩妮斯特．金特（Ernest Gent），她的屋外總有小男孩跑來跑去、踩壞她的草坪，讓她非常頭疼。她試過疾言厲色、連哄帶騙，但是全都無效。

有一天，她任命帶頭搞破壞的小孩為「小偵探」，負責讓她家草坪不受侵入者破壞。問題圓滿解決了。她的「小偵探」在後院生起營火，把一塊烙鐵燒得通紅，然後大聲威脅，誰敢踏上草坪一步，就等著被烙上印子吧。

讓部屬愉快接受命令的六大心法

如果你認為把這些方法都派上用場，就一定能從他人身上獲得愉快積極的反應，那就太天真了。不過，多數人證實，運用這種方法確實比不用更能改變他人態度；而且，就算你只提高一〇%成功率，其實也就意味著你作為領導者的成效比之前提高一〇%。

卓越的領導人若是想要改變他人態度或行為，應該將下述建議謹記在心：

❶真心誠意。切勿承諾辦不到的事情。
❷明確知道自己要對方做什麼。
❸具備同理心。時常自問對方真正的**需求**是什麼。
❹思考對方如果遵照你的建議辦事，可以得到哪些**好處**。
❺把對方能得到的**好處**，和他的**需求**結合起來。
❻當你提出要求時，要讓對方明瞭自己可以從中獲益。

建立有效溝通準則三十：讓別人開心地遵照你的建議做事。

卡內基魅力學 30

讓部屬樂於照你的意見辦事！

- 讓部屬愉快接受命令的六大心法：

一、真心誠意。切勿承諾辦不到的事情。

二、明確知道自己要對方做什麼。

三、具備同理心。時常自問對方真正的需求是什麼。

四、思考對方如果遵照你的建議辦事，可以得到哪些好處。

五、把對方能得到的好處，和他的需求結合起來。

六、當你提出要求時，要讓對方明瞭自己可以從中獲益。

野人
野人文化
讀者回函卡

書　名

姓　名　　　　　　　　　　　　　　□女 □男　　年齡

地　址

電　話　　　　　　　　　　　　　　手機

Email

□同意 □不同意　　收到野人文化新書電子報

學　歷 □國中(含以下)□高中職　□大專　□研究所以上
職　業 □生產/製造　□金融/商業　□傳播/廣告　□軍警/公務員
□教育/文化　□旅遊/運輸　□醫療/保健　□仲介/服務
□學生　□自由/家管　□其他

◆你從何處知道此書？
□書店：名稱 ____________　□網路：名稱 ____________
□量販店：名稱 ____________　□其他 ____________

◆你以何種方式購買本書？
□誠品書店　□誠品網路書店　□金石堂書店　□金石堂網路書店
□博客來網路書店　□其他 ____________

◆你的閱讀習慣：
□親子教養　□文學　□翻譯小說　□日文小說　□華文小說　□藝術設計
□人文社科　□自然科學　□商業理財　□宗教哲學　□心理勵志
□休閒生活（旅遊、瘦身、美容、園藝等）　□手工藝／DIY　□飲食／食譜
□健康養生　□兩性　□圖文書／漫畫　□其他 ______

◆你對本書的評價：（請填代號，1. 非常滿意　2. 滿意　3. 尚可　4. 待改進）
書名 _____ 封面設計 _____ 版面編排 _____ 印刷 _____ 內容 _____
整體評價 _____

◆你對本書的建議：

野人文化部落格 http://yeren.pixnet.net/blog
野人文化粉絲專頁 http://www.facebook.com/yerenpublish

廣告回函
板橋郵政管理局登記證
板橋廣字第143號

郵資已付　免貼郵票

23141
新北市新店區民權路108-2號9樓
野人文化股份有限公司 收

野人

請沿線撕下對折寄回

野人

書號：0NFL4171